光と風と夢
街角の記憶を歩く

文 樋口大祐
加藤正文
写真 三津山朋彦

プロローグ

失われた希望の原風景を求めて

加藤正文

明石海峡の西に日が沈む。残照を受けて海面に伸びる光の道がきらめき、対岸の淡路島の島影が赤く染まる。点り始めた家々の明かりが薄暮の清澄な空気に瞬く。〈燈火《ともしび》の　明石大門《おおと》に　入らむ日や　漕ぎ別れなむ　家のあたり見ず〉。万葉歌人、柿本人麻呂が詠んだ情景が胸に迫る。東に目を向けると巨大架橋のシルエットが浮かぶ。世界最大級のつり橋の上で無数の車のヘッドライトが左右に動き、はるか上空に飛行機が飛ぶ。千古変わらぬ自然の情景の中で人間の英知の所産である架橋と航空が海と空を背景に溶け合っている。

眼前に流れる風景に目を凝らし、表層から深層、古層に至る堆積層を観察すると何が見えてくるだろう。風景に刻まれた人々の記憶に沿って歩いてみよう。兵庫五国といわれるが、五つではくくれない、はるかに多様な地域が各地に広がる。海域、流域、谷筋、川筋、街道、集落…。海から吹く風、陸から吹く風が混じり合うところに営々と築かれた人間の営みが息づいている。コロナ・パンデミック（世界的大流行）が地球を覆い、街が凍りついた期間、カメラマンの三津山朋彦さん、神戸大大学院人文学研究科教授の樋口大祐さんと風景の時空をひたすら歩いた。人々の姿が消えた街では風景はその生の姿を見せていた。

城郭とともに栄えた中世都市の残照、貿易で発展した海港都市の国際性、商家建築が立ち並ぶ商人町のにぎわい、養蚕で栄えた山村集落の静寂、宿場町のざわめきの名残、モダニズム都市の青春、繁華街の雑然と無秩序、海岸線を埋め立てた工業都市の非情、老朽化したインナーシティの共生…。人と自然、環境と開発、光と闇が交錯し、焼け跡の記憶や流民たちの苦闘、震災復興の軌跡が刻まれ、多文化共生を求めてきた曲折の歴史がそこにあった。

詩人小野十三郎はさまざまな風景の中から詩を見いだし、『風景詩抄』（1943年）にまとめた。〈いろいろな風景を荒しつくした／美は新しい秩序を索めるが／心理はまだそれに追つつかない／夕暗の地平に黒く／犬牙のような方解石の大結晶を想像することも出来る〉（「私の人工楽園」）生まれ、変わり、生き続ける風景。美と秩序はそこにあるのだろうか。人間の心理が追いつかないまま風景は絶えず変化する。詩人にならって私たちも新しい風景の中に言葉を見つけようとあちこちを彷徨った。〈私の友はあの向ふの発電所の大煙突を遠景に把《とら》えるべくコンタツクスをあはせる／だがさうしてみればなんともつまらない〉（同）

叙事、叙景、叙情。時に圧倒的な、時に儚くおぼろげな、風土の根源に焦点を合わせると思いもよらない人間の情念に出会えるはずだ。成長と衰退の輪廻を超えて、失われた希望の原風景を見いだすためにトポス（場所）が宿す力を五感でつかみ取りたい。いささか気取ったプロローグ（前口上）はこのあたりにして、下船して海港都市の玄関に上陸しようではないか。

目次

プロローグ　失われた希望の原風景を求めて　加藤正文　2

■第一章　海港の風景

刻まれた記憶に目を凝らす　神戸港　「よそ者」たちの原風景　12
ウォール街残影　神戸・栄町通　名建築が見つめた栄光と挫折　16
貿易都市の青春　神戸・新港地区　渦巻く熱気の記憶刻んで　20
刻まれた激動の生活史　神戸・葺合　海港都市の屋台骨　24
「アジール」としての海港都市　三宮・元町界隈　「外人長屋」と闇市の青春　28
優しい夜の夢　神戸・海岸通り界隈　見えない越境者を包み込む　32
金融センターの伝統　神戸・旧居留地　経済の「血液」滞ることなく　36

■第二章　光と影の風景

遊廓・公園・パサージュ　神戸・湊川新開地　自由をわれらに　42
軍都と焼け跡の記憶　姫路城下　危うい均衡の中、羽を休めて　46
人生の再出発の地　姫路・市川沿い　ベトナム移民の落地生根　50
人生の陰影、物語に昇華　阪神尼崎・出屋敷　流民の街の微光　54

女たちの記憶　西宮・今津界隈　「酒都」の面影を残して　58
回帰する「瞼の街」　西灘・大石・六甲　山上の光、海の匂い　62
逆流の中で築いた暮らし　長田・新湊川流域　多民族の広場　66
「よそ者」たちの交差点　姫路・書写　彷徨うヒロインの休息地　70
シスターフッドの物語　宝塚・武庫川両岸、小林　連帯が紡ぎ出す「虹色の街」　74
湯の街の優しさ　城崎　山際の細道、女たちの家　78
「軍都」の痕跡　丹波篠山　にぎわいを見つめる帝国の記憶　82
海を想う人々の系譜刻む　神戸・須磨　流離と陽光　86
時を刻む街　明石・玉津　海人の面影を求めて　90
南国の夢　淡路・洲本　至福の情景映す古い街　94

第三章　モダニズムの風景

時空を超えて山から海へ　芦屋・宮川　阪神間Ｋｉｄｓの故郷　100
旧村の風情今も　岡本、本山　山々に抱かれた夕映えの街　104
賑わいの記憶が甦る瞬間　兵庫津・柳原　花街のモダンガールと詩人　108
異なる背景の人生 交差する街　夙川、西宮北口　風景の外へ　112

第四章　ふたたびの風景

醸造町の挑戦　たつの市龍野町　町並み再生 未来につなぐ　118

養蚕町の光沢　養父市大屋町　近代化の扉開いた〝絹の道〟　122
人麻呂の秘仏　明石・人丸前　海峡に宿る歌聖の情念　126
ホールふたたび　アクリエひめじ　文化の響き 市民の力で　130
ようこそ「おんせん天国」　但馬・湯村温泉　山あいにたぎる大地の恵み　134
因幡街道をゆく　佐用・平福　文化溶けあう境界の魅力　138
折り畳まれる歴史の痕跡　姫路・五軒邸、お城本町　多層をなす境界空間　142
石積みダムは語る　南あわじ市　先人の情熱 大地を潤す　146
峠の群像　鳥取・宍粟・姫路　時代を変えた「たたら製鉄」　150
十文字の街　福崎町・辻川　変わり続ける民俗学の故郷　154
河勝伝承とアース　赤穂・坂越　進取の気性はぐくむ風待ちの浦　158

第五章　変貌する風景

東洋のジュネーブ　芦有ドライブウェイ　起業家の夢を乗せて60年　164
明日に架ける橋　北摂ニュータウン　新旧超える理想を求めて　168
100年の被災地　豊岡復興建築群　都市再生の夢 世紀を超えて　172
工都残照　尼崎・杭瀬　成長の光と影を宿して　176
百年の工業都市　高砂市臨海部　環境の世紀に未来を重ねて　180
河口の産業革命　加古川・別府　咲き誇る肥料王の夢　184
砂糖とコンビナート　神戸東部第4工区　海と工場直結 究極の効率生産　188

都市の青春　尼崎・塚口　消費文化の街に昭和の面影　192
グレーター真野　神戸・長田　神戸支える共生のエネルギー　196
山、海へ行く　神戸・ポートアイランド　再生期す都市 青春の面影　200

第六章　鉄道と空港の風景
宵闇に溶け込む修羅の歴史　神戸駅　夢の終点と起点　206
コンクリート博士の夢　阪急・神戸市内線高架橋　アーチに宿るモダンの精神　210
向かい風の朝　関西3空港　時代のうねりを超えて　214
機影と轟音の下で　大阪空港周辺　「明日はえぇ日」を信じて　218

第七章　コロナ禍の風景
コロナの時代の愛　神戸・有馬　病者を癒す再生の霊場　224
「イン・コロナ・タイム」　ミナト神戸　感染症超えてきた海港都市　228

モノローグ　時を超えた風景の確信と予感　三津山朋彦　232
エピローグ　移動祝祭日　樋口大祐　234

■神戸新聞夕刊連載「風景を読む―まちかど文化遺産紀行」（2021年4月～23年5月）を再構成した。■資料の引用では省略したり、ルビをふったりしたところもある。■年齢や肩書きなどは、新聞掲載時のままにした。■登場人物の敬称は省略した。

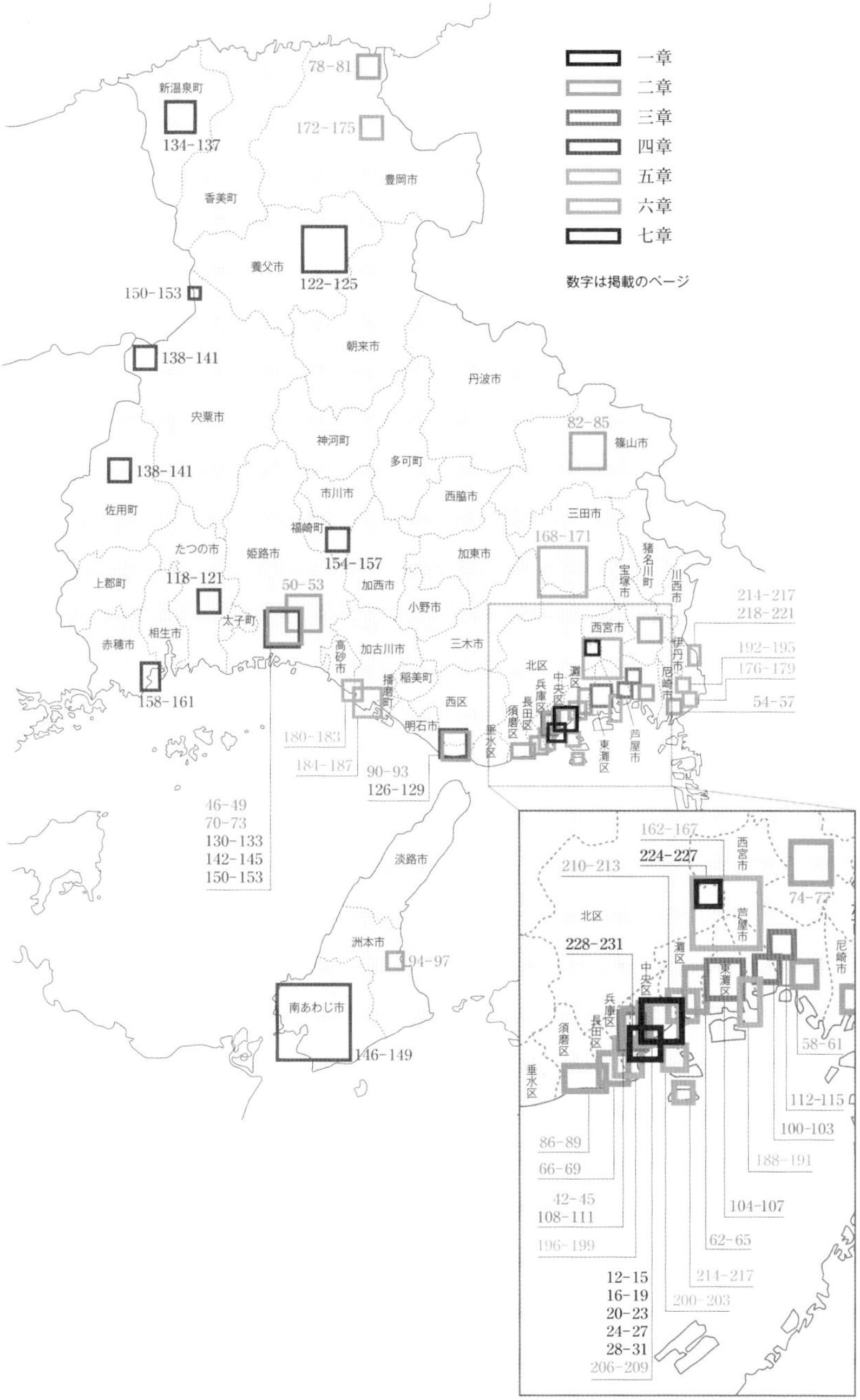
一章
二章
三章
四章
五章
六章
七章
数字は掲載のページ
新温泉町
134-137
78-81
172-175
豊岡市
香美町
養父市
122-125
150-153
138-141
朝来市
丹波市
宍粟市
神河町
82-85
篠山市
多可町
138-141
佐用町
市川市
西脇市
三田市
福崎町
154-157
168-171
たつの市
姫路市
加東市
猪名川町
宝塚市
川西市
上郡町
118-121
50-53
加西市
214-217
218-221
小野市
相生市
太子町
赤穂市
高砂市
加古川市
三木市
西宮市
伊丹市
192-195
北区
176-179
尼崎市
播磨町
稲美町
兵庫区
中央区
灘区
158-161
西区
長田区
54-57
須磨区
明石市
垂水区
東灘区
芦屋市
180-183
184-187
90-93
126-129
46-49
70-73
130-133
142-145
150-153
淡路市
洲本市
94-97
南あわじ市
146-149
162-167
224-227
西宮市
210-213
74-77
北区
芦屋市
228-231
灘区
尼崎市
中央区
東灘区
兵庫区
長田区
須磨区
58-61
垂水区
112-115
100-103
86-89
188-191
66-69
42-45
108-111
104-107
196-199
62-65
214-217
12-15
16-19
20-23
24-27
28-31
200-203
206-209

大阪湾対岸から遠望すると神戸の
中心部は高層ビルが並び立つ

神戸・大安亭市場南側には
濃厚な下町風情が残る

旧神戸市立生糸検査所は垂
直線を強調したデザイン

第一章 海港の風景

海港都市に降り立った人々は港から歩き始める。同郷の伝手をたどって住処を求め、働き始める。いつしか根を張り、代を重ねる。「落地生根」。成長、繁栄、挫折、失意、再起。栄町通、乙仲通、南京町、鯉川筋、トアロード、春日野道…。歩いていると人々のざわめきと足音が聞こえてくる。夕闇に目を凝らすと越境者を優しく包みこむアジール（避難所）の面影がほの見える気がした。

刻まれた記憶に目を凝らす

神戸港

「よそ者」たちの原風景

現在、海港都市・神戸に住む人々の大半は、数代前に移住してきた「よそ者」の子孫である。私たちは皆、いちばん最初に「よそ者」として神戸の土を踏んだ時の不安の入り交じった高揚した気持ちを、どこかに記憶しているのではないだろうか。

明治初期の神戸港の写真を見ると、六甲を背景に東西に延びた海

中突堤

約470メートルの長さを誇る。戦前、先端のA・B2バースは長らく台湾航路の定期船バースに使われた。戦後は内海航路の客船ターミナルとして1966（昭和41）年には1日50隻が入港した（「神戸開港百年史」）。基部にある神戸ポートタワーは63年に完成＝神戸港第一防波堤沖

岸通りが、じかに海に接していたことがわかる。メリケン波止場はその頃からあったが、新港埠頭や中突堤など、現在の港の中核を構成する区域はまだない。

それらは20世紀初頭の築港工事で形成された。60年代に上空から撮影した写真を見ると、新港埠頭と中突堤にはさまれた矩形《くけい》の海に、沖仲仕や水上生活者がのった無数の艀《はしけ》が蝟集《いしゅう》している（当時の空気を伝える写真パネルと記念碑が波止場町にある）。

その後、ポートタワーが建ち、コンテナ化で艀が姿を消し、矩形の海がメリケンパークに転生することで現在の景観が完成する。

いま、宵の時分のメリケンパークに立つと、噴水や海洋博物館、ライトアップされたポートタワー等、眩《まばゆ》いほどの演出空間に身を置いていることが実感できる。

しかし、かつて神戸港から上陸したのは、一家を挙げて背水の陣で移住する家族や、故郷の人間関係から逃れてきた恋人たち等、多くの重荷を背負った人々だった。菊田一夫の自伝的小説「がしんたれ」（59年）には、大正時代、元町の美術品商に奉公していた台湾

神戸港

海の道を行き来した人やモノはさまざまな文化をこの街に運び込んだ＝メリケンパーク沖

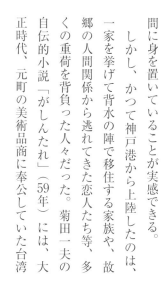

新港第2突堤

現在の新港第1～3突堤、第4突堤の西半分は明治―大正時代にかけてつくられた。第4突堤の東半分、第5、6突堤、中突堤、兵庫第1、2突堤などはその後の築造で1939（昭和14）年までに完成。第2突堤上では2025年春の開業を目指す「神戸アリーナ」の建設が進む＝神戸市中央区新港町

育ちの少年が、県立商業高校の入学受験の援助をしてくれるはずだった養父を迎えに、第二突堤にやってくる場面がある。少年は台湾航路の船から下りてくる船客の中に養父の姿を必死で探すのだが、ついに見つからず、放心状態になる。港は貧しい人々の夢と絶望が交錯する空間だったのである。

また、台湾の作家・李昂《リーアン》の「自伝の小説」（2004年）は、のちに台湾共産党の女性指導者になった謝雪紅（1901～70年）の一生を描いた小説である。第一次大戦の頃、彼女は駆け落ちした男とパナマ帽の商売を始めるため、台湾航路の船で神戸にやってくる。南京町の路地裏で男から生まれて初めて文字を習い、洋装で買い物に出掛け、ある時は男の愛人「張太太《チャンタイタイ》」として、また日本人・山根淑子として、少しずつ「自由」を知り始める。

米騒動や労働争議に揺れる神戸は、彼女にとって人生の刺激に満ちていた。のちに上海に渡り、労働運動の中で頭角を現してゆく彼女の遍歴は、「よそ者」によって形成された「逃れの街」神戸から始まったのである。

20世紀、海港都市は「よそ者」たちがそれぞれの「自由」をもとめて人生を切り開いていくドラマの舞台であり続けた。本書ではさまざまな風景を通して、それらの一端を掘り起こしてみたい。

（樋口大祐）

新港第4突堤Q2上屋

突堤に接岸した貨客船への連絡設備として使われていた上屋。昭和初期につくられ、2階デッキを通じて乗降や送迎が行われた。1階には鉄道が発着した＝神戸市中央区新港町

遊覧船からの風景

海上から眺める神戸港は古くからの風景をとどめる。屏風のように広がる六甲山系と櫛（くし）状の突堤が特徴的だ＝中突堤沖

旧コンテナターミナル

ガントリークレーンの姿はなく中古車を積み出す貨物船が停泊する。跡地は中古車オークションの会場や大学キャンパスに利用されている＝ポートアイランド西岸

神戸港

1868年の開港。日本列島のほぼ中心に位置し、世界の海運のメインルート上にあり、国際貿易港として発展してきた。阪神・淡路大震災で大きな被害を受けたが、2年間で施設復旧を完了。2020年の入港船舶隻数は2万6375隻、コンテナ総取扱個数は264万7千個、総取扱貨物量は8288万トン。

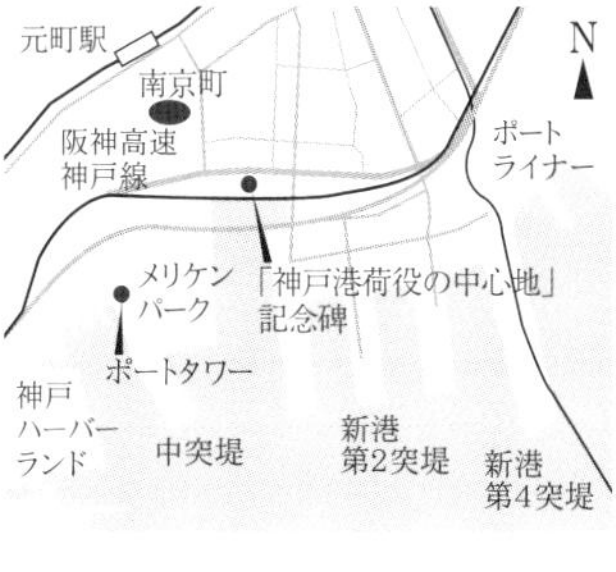

ウォール街残影

神戸・栄町通

名建築が見つめた栄光と挫折

神戸・栄町通に本店を置く唯一の金融機関、兵庫県信用組合。「けんしん」の愛称で知られる。1951（昭和26）年の設立から2021（令和3）年で70周年。移転はしたが、栄町通を離れたことはない。「昔は東洋のウォール街と呼ばれていたそうですが、今はマンション街。働く場所から住むところになった」。理事長の土肥《どひ》貴弘（65）の解説だ。上階の理事長室のあるフロアの窓から、対面にそびえる地上33階建てのタワーマンションが見える。

明治期の栄町通の開通から約150年。往時の輝きは伝説的だ。界隈を歩いた正岡子規は「その美、その壮、実に名状すべからず」と評した。明治末期には市電も開業。大正になると第一次大戦の好景気にわいた。三井、三菱をしのいだ巨大商社、鈴木商店の繁栄もあった。

世界の資本主義の中枢といえる米ウォール街の歴史は好景気、バブル、暴落、恐慌と光が強烈な分、影もまた色濃い。それはバンカーたちの栄光と挫折、希望と絶望に重なる。今回、東洋のウォール街の残影を求めて約1キ

栄町通

メインストリートとして発展した栄町通。左は築100年の旧帝国生命保険神戸出張所（現・神明別館）。船型の丸みを帯びたデザインが優美だ=いずれも神戸市中央区ロの栄町通をいくどとなく往来すると、無数の声なき声が聞こえてきた。

先のタワマンの入り口付近に石材が置かれている。この場所にあった第一勧業銀行神戸支店に使われていた—と説明文にある。近代建築の父、辰野金吾の弟子の長野宇平治《うへいじ》の設計で1916（大正5）年、当初は三井銀行神戸支店としてできた名建築だ。高さ9メートルの御影石のイオニア式円柱が6本並ぶ威容は有名で、行員らは正月などに記念写真を撮った。そのシンボルが阪神・淡路大震災で倒壊した。

〈想い出深い神戸支店が見るも無残に崩壊しているのを目の当たりにしました。私は崩れ落ちた神戸支店の前にたたずみ、無念さが込み上げてくるのを抑えることができませんでした〉

当時の第一勧業銀行会長、宮崎邦次の感慨が胸に染みる。前身の第一銀行神戸支店は神戸製鋼所や川崎重工業など大口の取引先を持ち、支店長が取締役を務める重要店舗だった。支店次長を務めた宮崎は神戸の街とともに支店の重厚なたたずまいに深い愛着があった。震災2年後の1997年、総会屋利益供与事件の渦中、自ら命を絶った。この事件をモチーフに作家高杉良は小説「金融腐蝕列島」を書いた。バブル崩壊の闇、金融危機の引き金の一つとなった阪神・淡路大震災。御影石に刻まれた歴史の陰影に目を凝らす。

南西方向に歩く。地下鉄「みなと元町駅」の出入り口にビクトリア調の赤煉瓦壁が立つ。辰野金吾設計の素晴らしい銀行建築だったが、これも震災で大きく損壊。景観維持のために壁を整備した。一見、建物かと錯覚するが、裏にはマンションがある。いわば「薄皮」の保存といえる。

築100年の近代建築を見つけた。米穀卸の最大手、神明が別館として使っている。1

階はおにぎり専門店だ。21（大正10）年、旧帝国生命保険神戸出張所として建設された。ここで執務するのは前社長でホールディングス顧問の藤尾益也《みつや》（84）だ。あかふじ米で知られる神明は2022年で創業120年になる。「栄町通は神戸が栄えた時代を示す通り。当時の雰囲気のある建物を残したい」

（加藤正文）

旧第一銀行の外壁

辰野金吾設計で1908（明治41）年完工。空襲で赤煉瓦の外壁を残して焼け落ち、復旧後は大林組が使っていた。阪神・淡路大震災で大きな被害を受け、西面と南面のレンガ壁の裏側を鉄筋コンクリートで補強して往時の様子が伝わるようにした

栄町ビルディング

一本南に入ると乙仲通。雑貨店など魅力的な店が多い

栄町通

長さ約1キロ、幅約18メートル。1873（明治6）年に開通した。翌年開業した神戸駅と居留地を結び、ミナト神戸発展の原動力となった。計画したのは越前福井出身の関戸（せきど）由義。港都の骨格を描いた。

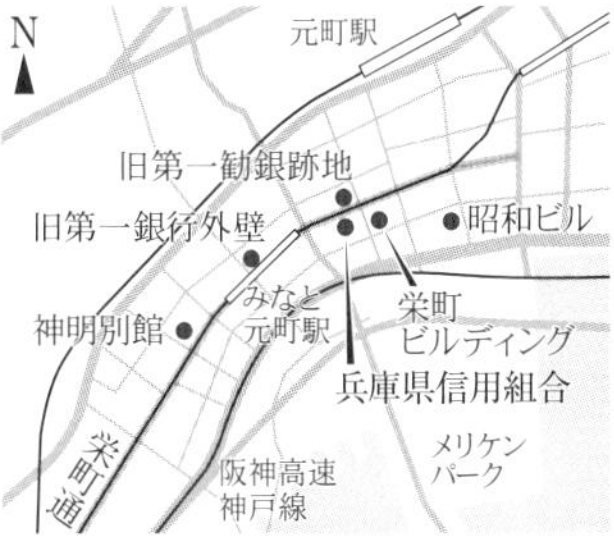

貿易都市の青春

神戸・新港地区

渦巻く熱気の記憶刻んで

大蔵省（現財務省）国際金融局長、財務官、ＩＭＦ（国際通貨基金）副専務理事など激動期の通貨政策を担当した加藤隆俊（79）が大切にしているのが若き日の神戸税関長時代の思い出だ。就任は１９８９（平成元）年６月、48歳のときだ。30年ぶりに話を聞くと懐かしそうに話し始めた。

「何より故郷で勤務できてうれしかったね」。明石海峡大橋や関西空港のでき

阪神高速の高架の向こうに近代建築群が広がる。そばに寄ると貿易で発展してきた神戸の息吹が感じられる＝神戸市中央区新港町、小野浜町

る前だが、神戸港のコンテナ取扱量が世界トップテンに名を連ねた時代。「職員たちには日本経済を支える気概があった。商工会議所の会頭は先輩で名次官だった石野信一さん。経済人もダイエーの中内切さん、アシックスの鬼塚喜八郎さん…。みなさん個性的でした」

　高さ33メートルの円筒形の時計塔がそびえる税関庁舎は1927（昭和2）年の竣工だ。戦災にも阪神・淡路大震災にも耐えた歴史の目撃者だ。狭い鉄製のらせん階段を上って最上部に入った。大時計は三つ。西、北東、南を向いている。北側窓からは六甲の緑を背景にJR三ノ宮駅が見える。海の方向を望むと旧生糸検査所や機能的な倉庫群が手に取るようだ。

　近代建築の保存のかたちとしては出色だ。99年の大改修の際、中央部の吹

き抜け部分を取り払い、中庭を設け、旧館と連なるように新館を建てた。内部は最新鋭の高機能ビルだが、外壁は違和感なく歴史的たたずまいを連続させた。船をモチーフにした近未来型のデザインが、中庭を囲んで絶妙に旧館とマッチしている。階上の会議室に立つと船の操舵室にいるようだ。調和に意匠を凝らした設計について税関長、佐藤正之（57）は「日本の役所の建築では一番と思う」と話した。

界隈は貿易都市として栄えた往時の雰囲気が色濃い。神戸には中小の商社が集積した。鞄に見本を詰め込んで中東やアジアで売り込む一方、鋭いアンテナで消費者に受けそうな商品を探す。作家深田祐介の直木賞受賞作「炎熱商人」（82年）を思わせるサムライのような商人が震災前はたくさんいた。少し歩くと焦げ茶色の神戸貿易センタービルだ。1969年完成。地上26階建て、高さ107メートル。東京・霞が関ビルに続く国内2番目の高層ビルという。大阪や横浜に先んじたところに港都の気概を感じる。道路に対して

神戸税関

ミナト神戸のランドマークとして親しまれてきた。塔屋を玄関の上部に置いた官庁建築の基本の設計。屋上に翻る税関旗は海・空と陸の接点を示す＝神戸市中央区新港町

税関貴賓室

1929年、昭和天皇が神戸税関を視察された。戦後は長く税関長室として使用。壁面は湾曲している。天井と暖炉周りなどは創建当時のまま。照明や扉のデザインは設計図を基に復元されている

新港貿易会館

1930年にできた新港貿易会館（右）。丸窓やステンドグラスが新鮮な印象のクラシックビル。左が生糸輸出のため27年にできた生糸検査所（現デザイン・クリエイティブセンター神戸、ＫＩＩＴＯ）。同じころ三井倉庫（上）も完工＝神戸市中央区新港町、小野浜町

平行ではなく45度振って立つところが斬新だ。

新港地区の西部は再開発工事のまっただ中だ。コンベンション、温浴施設、ミュージアム、アリーナなどが順次整備されつつある。通販大手フェリシモや自動車販売ＧＬＩＯＮ（ジーライオン）グループの本社もある。ウオーターフロントの魅力を生かそうという強い意志を感じる。

最後に倉庫へ行こう。三菱、三井、住友、川西の各倉庫が集中的に整備されたのは大正末期から昭和初期。関東大震災で被災した横浜の生糸業界が神戸に移り、旺盛に輸出を再開した時期と重なる。クリーム色が美しい三井倉庫に入った。ゴム、ココア、乳製品、ワイン…。今も現役なのだ。荷物用エレベーターは重厚な鉄製のアコーディオンカーテンだ。中には〈扉は必ず閉めよ〉の文字。閉めると瞬時に過去にタイムスリップできる。こんな装置を備えた都市はそうないだろう。

（加藤正文）

三井倉庫新港事務所

現在も創建当時のエレベーターが稼働する。最上階には米国製とされる重厚な巻き上げ機が据え付けられている＝神戸市中央区新港町

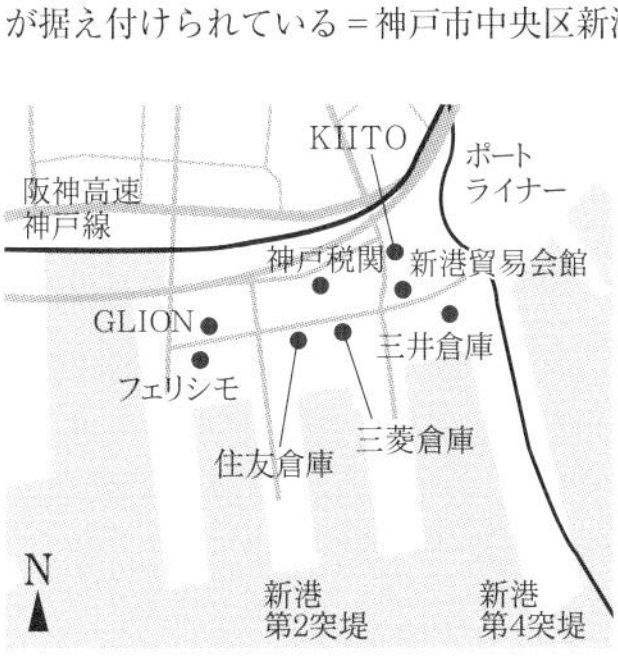

刻まれた激動の生活史

神戸・葺合

海港都市の屋台骨

阪急、JR、阪神、市営地下鉄の四つの鉄道が乗り入れるターミナル三宮の再開発事業は、21世紀の都市神戸の命運を握る一大事業として位置付けられている。

しかし、１００年前に阪急神戸線が開通した当時、その終点は三宮ではなく、約1キロ東寄りで市電の終点に近い上筒井にあった。また、阪神の終点のひと駅手前の春日野道も市電の終点に隣接しており、春日野道商店街は（西の湊川新開地に匹敵する）東の新開地として未曾有の繁栄を享受していた。現在、神戸の中心地を包摂する中央区は、１９８０年まで東の葺合区と西の生田区に分かれていたが、春日野道も上筒井も旧葺合区に位置している。この葺合区こそ、西の長田区と並んで、海港都市神戸の屋台骨であり続けてきた地域なのである。

今、JR三ノ宮駅の東南側エリアに立つと、戦後の闇市（国際マー

神戸沖洲会館
西壁には沖永良部島をルーツにもつ市民が経営する店舗や会社の広告が多数張られている＝神戸市中央区宮本通2

ケット）の系譜をひく商店街が東に延びており、新生田川を渡ってしばらく行くと、アジアの食材の豊富な大安亭《おおやすてい》市場の南口にたどり着く。明治中頃、この南側の地域に、屠畜《とちく》場と、港湾労働者向けの二百軒長屋が移転、その後マッチや樟脳《しょうのう》工場の創業、市内各所の木賃宿の強制移転により、20世紀初頭、「葺合新川」地域が形成される。それと並行して、阪神電車や市電の開通、神戸製鋼、川崎造船所の大工場の設立が大量の労働者人口を吸引し始め、南北の春日野道商店街と、東西の小野中道商店街が誕生するのである。

　1921年の川崎三

菱造船所大争議事件の際には、葺合の工場群も重要な舞台になっている。小野中道は空襲で焼かれ、進駐軍に接収されて消滅したが、近隣の旭通4丁目にあった芝居小屋と市場の名を引き継いだのが、前述の今の大安亭市場である。春日野道在住歴70年の李圭燮《イキュソプ》さん（74）は、「ここは昔は朝鮮市場と呼ばれていた」と証言する。大安亭や春日野道の街角には、列島各地や旧植民地から移住してきた人々の激動の生活史が刻み込まれているといえよう。

　春日野道商店街を北上すると、阪急の線路と山手幹線に並行して大日《だいにち》商店街が走っている。ここから宮本通に至るエリアが、日本最大規模を誇る、沖永良部島出身者の多住地域だ。早くも1926年には神戸沖洲会を結成し、戦後の復帰運動でも主導的役割を果たした。同副会長の大野寛子さん（77）によれば、「男は神戸製鋼や川崎製鉄に通勤し、女は新在家の紡績工場で働いた」という（70年代に一世を風靡した女優・沖山秀子の出身地でもある）。そして、阪急・市電の終点上筒井は宮本通の目と鼻の先に位置しており、神戸高商（現神戸大学）や、原田の森の関西学院が近接し、岡本唐貴《とうき》、竹中郁、坂本遼等、1920年代のモダニズム／プロレタリア芸術の拠点だった。その熱気は、山手の学園（上

大安亭市場
南口から望む。店舗の名が書かれた照明が鮮やかに浮かび上がる。古い神戸の街並みやにぎわいをほうふつとさせる＝神戸市中央区日暮通4、5

筒井）と浜手の工場／労働者街（脇浜、春日野道）がじかに連坦《れんたん》する、葺合の地理的条件と無関係ではなかったはずである。

その後、関学や神戸高商の移転、阪急の駅の廃止により、上筒井のにぎわいは失われた。しかし、今でも王子公園の西側の坂をのぼり、神戸海星女子学院付近の見晴らしのいい高台から街を振り返ると、阪神・淡路大震災の復興の拠点として浜手の大工場跡地にできたHAT神戸の街並みが目に入ってくる。

（樋口大祐）

旧葺合区

近世の葺合村と筒井村が明治以降葺合区となり、1980年生田区と合併した。1890年ごろは人口1万人程度だったが、20世紀初頭に急増し、1920年には11万人を超え、最盛期には12万5千人に達している（合併時は6万人程度）。山側には新幹線新神戸駅がある。

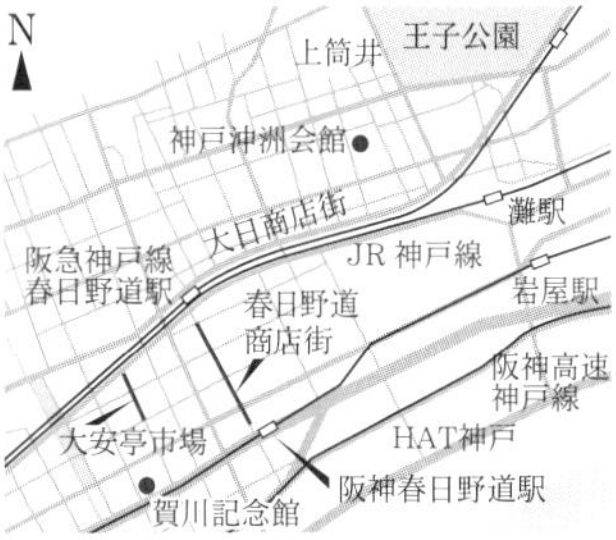

賀川記念館
明治末、葺合新川地区に住み込み、さまざまな社会改良や運動につくした賀川豊彦の業績を伝える＝神戸市中央区吾妻通5

上筒井
神戸高商や関学があった付近から海までは急坂が続く住宅街だ。海岸はＨＡＴ神戸（右奥）や摩耶埠頭（左奥）が占める＝神戸市中央区野崎通1、2から

「アジール」としての海港都市

三宮・元町界隈

「外人長屋」と闇市の青春

リニューアルした阪急神戸三宮駅東口を出て、サンキタ通りと山手幹線を横切って北野坂に入る。街路樹としゃれた店が並ぶ北野坂は、東西に走る異人館通りを経て、最終的に北野通りに突き当たる。観光地として有名な北野の異人館は、現在、ここから山側の広くない街区に集中している。昭和初期までに建てられ、かつて数百軒あっ

「他人の鍵」の登場人物が住む外国人向けアパートの面影を感じさせる建物（中央）＝神戸市中央区北野町２

異人館跡

かつて公開され観光客でにぎわった異人館跡。敷地内に白雪姫とこびとたちの像が残されていた＝神戸市中央区北野町２

た異人館は、空襲と再開発により激減した。高度成長後の1970年代、特に朝の連続テレビ小説「風見鶏」の放映以降、知名度の高い観光地に転生し、今に至っている。

戦時中、異人館通りの三本松不動院近くにはユダヤ人協会があり、ナチスに追われた延べ数千人のユダヤ人難民の受け皿の役割を果たした。60年代に書かれた陳舜臣「他人の鍵」には、かつてこの地域に少なくなかった貧しい外国人家族が登場する。北野天神下の「外人長屋」で、白系ロシア人の母に育てられた若い女性・清原織雅《おりが》は、日本人の豪商の愛人になって戦時下を生き延びるが、戦後、自身の運命を開くために進駐軍の青年を誘惑し、邪魔になった豪商を

殺すためにその邸に忍び込む。

小説は「外人長屋」に住む織雅の幼なじみたちの視点を通して進行する。広東料理のコックの息子、ポルトガル人ピアノ教師の息子、ラシャの行商をしているトルコタタール人一家の兄妹、そして管理人である五島出身の単身女性の息子。ルーツの異なる幼なじみたちは「自分たちがまわりから支えられずに、浮き上がった存在である」と感じつつ、ぎこちない神戸弁を駆使して生きている。「他人の鍵」は観光地に変貌する以前の北野を舞台に、移民二世の青春の陰翳《いんえい》を印象深く描き出しているのである。

異人館通りは西へ進むと旧神戸移住センターの手前でトアロード、鯉川筋に行き当たる。戦前はトアロード西側にオール・セインツ教会や広東語で教える華僑（現中華）同文学校があり、後背地の高台には広東村が形成されていた。西東三鬼は戦時下のトアロード沿いのホテルでの生活を描いた「神戸」で、「隣組は中国人、台湾人が大部分であったから、防空演習の騒ぎは珍妙を極めていた」「腕章をつけた市役所の役人がいくら地だんだを踏んでも、戦闘帽をかきむしって癇癪《かんしゃく》を起こしても、北京語、上海語、福建語、広東語で笑うだけであった」と回想している。

トアロードをさらに南下すると元町駅の東側で省線（現ＪＲ）の高架と交差する。現在も高架下商店街が存続しているこのあたりに終戦直後に展開していたのが、多民族からなる全国有数の闇市「三宮自由市場」である。前述の「神戸」のホテルの住人で、防空演習の際にただ一人模範的愛国青年を演じていた台湾人「基隆《キールン》」はその裏で台湾から飴とバナナの干物を密輸しており、それらを同宿の姐御《あねご》たちに横流しして愛されていたが、戦後は闇市で活躍し、最後は抗争で死んだことになっている。戦争は多くの抑圧や悲惨をもたらす一方、海港都市のアジール（避難所）としての性格を際立たせる面も持っている。トアロード界隈の街角には生真面目な歴史観では手に負えない「非国民」（西東三鬼「神戸」）たちの自由の痕跡が、まだまだ多く眠っているにちがいない。

（樋口大祐）

トア山手

19世紀末以降、中国・広東省などから来た華僑が集まり「広東村」と呼ばれた一角は2008年に再整備が完成。高層マンションが並び立つ＝神戸市中央区中山手通3

路地の広東料理店

路地に面した広東料理の店。鯉川筋周辺には古いアジアの面影が残っている＝神戸市中央区北長狭通3

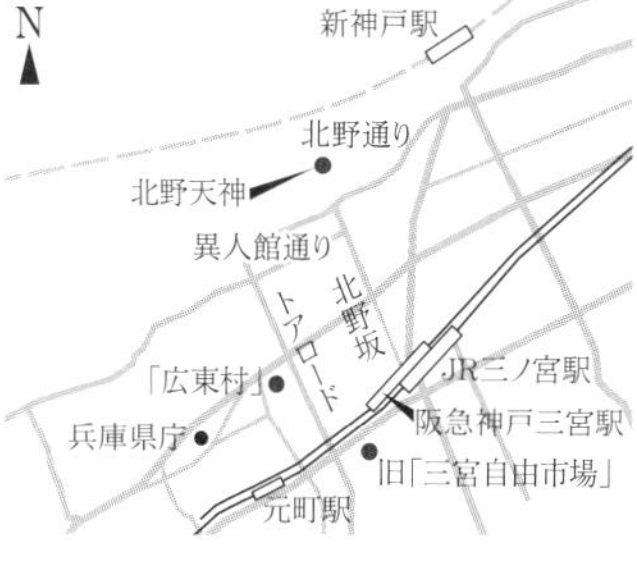

三宮・元町地区

昭和初期まで、「三宮」はトアロード南端の三宮神社の付近の盛り場の呼称であり、現在の三宮ターミナルのあたりは「瀧道」（布引の瀧への参道）と呼ばれていた。戦後は三宮自由市場の解体後も、高架下のみならず三宮国際マーケット、三宮ジャンジャン市場等が立地し、湊川新開地を抜いて都市神戸の「顔」になった。行政主導のリニューアル事業が進行中だが、高架下ではアジア系の屋台や食堂の存在感が増している。

優しい夜の夢

見えない越境者を包み込む

神戸・海岸通り界隈

戦時下の海港の歴史は、国家とそれに抗する人々のせめぎあいのドラマを秘めている。国家意思は軍艦や税関、警察署等に可視化されるが、抵抗する人々の行動は隠密である故に見えにくい。そのため、彼等の軌跡をたどり直すため

には、小説というフィクショナルな言説形式が必要である。神戸の富と権力を象徴する壮麗な建築遺産の立ち並ぶ海岸通り一帯は、そのような小説の舞台でもある。

　フラワーロードを南下し、海岸通りとの交差点を過ぎると、神戸税関、KIITO、新港貿易会館等、昭和の建築遺産が並ぶ第三突堤交差点に至る。転向した元左翼学生の主人公をはじめ、太平洋戦争前夜の神戸の人々の生態を描いた、大岡昇平の小説「酸素」は、ある亡命中の日本人の地下運動家が、中国人水夫に偽装し、同志に国際組織のメッセージを伝えるため、故郷の港に戻って来る夜明けの場面から始まる。

　一日の作業が始まる瞬間は以下のように描かれる。「大きく紋を染め抜いた半纏《はんてん》を羽織り、肩当と弁当箱と鉤《かぎ》を腰につけた仲仕達が、足速に四方から集まって来た。靄《もや》った艀《はしけ》も身動きし始めた。（中略）遠く霞《かす》んで点滅していた港口の灯台の光が消えた。沖の船のどれかが鳴らした汽笛の音が港の空を渡り、長い倉庫に反響して、唸《うな》りを長く水の上に残した」

　主人公は秘密文書を受け取るため国際物流会社の展望台に勤務する青年を利用して艀へ

数十もの国際航路で世界を結んだ神戸港。内外の船が多数停泊していた新港地区は夜になるとミナトらしい顔を見せる＝神戸市中央区港島２

の同乗をもくろむが、計画は失敗し、仲間は葺合署に連行され死んでしまう。素早く現場を離れた主人公は「朝の港へ急ぐ人々、沖仲仕や倉庫人夫、或いはそういう人達のために、パンや飴を売る婆さんの間を、すり抜け、高架鉄道のガードをくぐって、（中略）やっと自分が安全だと思うことが出来た」が、以後、私服刑事の影が彼の安息を脅かすことになる。港は群衆の流れの中で、対立する各階層の人々がぶつかり、実現しなかった可能性をめぐってせめぎあう舞台なのである。

第三突堤交差点から西に進み、再開発地区に入る。第二突堤には1万人収容のアリーナが建設中である。チョコレートミュージアムのあるフェリシモ本社を過ぎると、大交易時代の植民地の港の要塞を瀟洒《しょうしゃ》にしたような印象の神戸ポートミュージアムが視界に飛び込んでくる。夕暮れ時、屋上に上がると、紺碧の海とメリケンパークの眩《まばゆ》い光が間

新港貿易会館

「酸素」に登場するビルを思わせる新港貿易会館（1930 年建築）。帽子をかぶったようなデザインが目を引く＝神戸市中央区新港町

海岸ビルヂング

海岸通りに立つ洋館「海岸ビルヂング」（1911 年建築）の内部。神戸に根付く「西洋」の面影を伝える＝神戸市中央区海岸通 3

近に迫ってみえるだろう。北上して京橋を渡り、海岸通りを西に進んで、華僑歴史博物館の手前で右折し、一本北を走る乙仲《おつなか》通りに入る。レトロな建築にしゃれた店が点在するこの辺りはかつて、馬ふんの臭いの立ち込める中に海産物倉庫が立ち並ぶ裏通りであった。

陳舜臣の小説「桃花流水」は、日中戦争前夜、上海の革命家の忘れ形見で、日本人富豪の養女になっている若い女性が、路地の奥の赤煉瓦倉庫で父の親友だった老人と出会い、周囲の空気に抗して自身の生き方を模索し始める物語である。戦前の景観の多くは失われた。が、多重所属者に居場所を提供する海港都市の懐の深さは、まだ失われていないように思われる。

（樋口大祐）

海岸通り

旧居留地南縁の「海岸通」、その西に連なる「海岸通１丁目」から同「６丁目」までの総称。開港当初、旧居留地南縁には外国人家族が散策するプロムナードがあった。西端に近い５丁目には作家・陳舜臣が少年の頃住んだ家をはじめ、海産物問屋が多かった。国産波止場や弁天浜に近接し、取引客には華僑が多く、輸送には荷馬車を使っていた。

神戸ポートミュージアム

「新港地区の再開発で2021年秋オープンした。要塞を思わせるデザインはこれまで神戸になかった。劇場型アクアリウム「アトア」が入る＝神戸市中央区新港町

金融センターの伝統

神戸・旧居留地

経済の「血液」滞ることなく

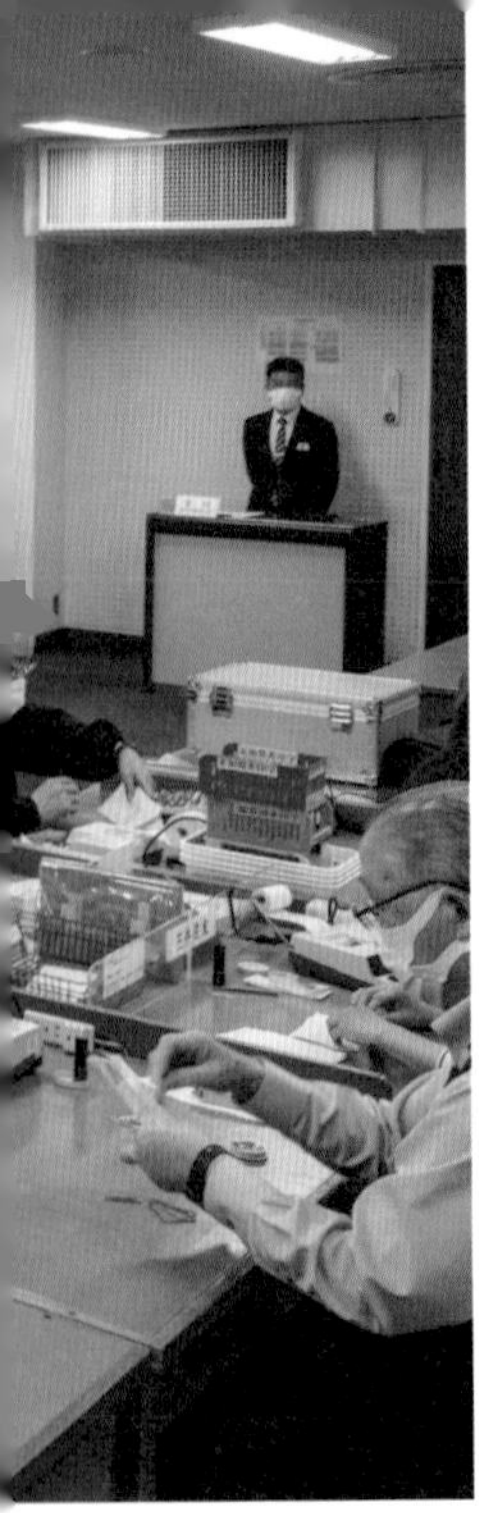

経済の血液であるお金が社会の隅々にまで流れていく。毛細血管のごとく張り巡らされた無数の決済網はふだんは目に見えないが、いくつかの「結び目」で顔を出す。まずは手形交換所を訪ねよう（2022年11月で閉鎖）。

午前9時前。旧居留地の神戸銀行協会ビル内の手形交換所に金融機関の担当者が集まってくる。その数ざっと70人。三井住友、みずほ、三菱ＵＦＪ、みなと、広島、中国、但馬、尼崎信金、兵庫信金…。年季の入った机には白地に赤の標柱が並ぶ。

さまざまな商取引に使われる手形。受け入れた手形を金融機関同士で取り立てず、場所と時間を決めて互いに持ち寄り、その場で交換する。受取額と支払額の差額を日本銀行の当座預金で決済する。現金いらずで合理的。18世紀の英国で生まれた制度は日本では1879（明治12）年に大阪、87年に東京で誕生。神戸は97（同30）年に開設された。

ブザーが鳴り、作業開始。卓上には計算機。担当者は持ち出しと持ち帰りの差額（交

神戸銀行協会ビル

平日の朝、金融機関の担当者が手形を持ち寄り、交換する。作業は集中して行われ、短時間で終わる＝神戸市中央区江戸町、神戸銀行協会（2022年撮影）

換尻）をはじく。作業は十数分後に終了。東京や大阪はデータを持ち寄るスタイルといい、「これだけの規模で毎日顔を合わせて現物で決済するのは神戸だけ」。神戸銀行協会の専務理事南喜樹（58）は言う。全国銀行協会は２０２２年11月、手形交換所を電子化する。１２５年続いた相対の手形交換の歴史は節目を迎える。

　ブランド店が立ち並ぶ旧居留地だが、重厚

厨房を備え、レストランの機能を果たすフロア。地元財界人たちが集い、交流してきた＝神戸市中央区江戸町、神戸銀行協会（2022年撮影）

な雰囲気を醸し出しているのは金融センターの機能によるところが大きい。中心にあるのが日銀神戸支店だ。毎日金融機関から紙幣が運び込まれ、出て行く。扱い量は年間2・3兆円。「銀行の銀行」「唯一の発券銀行」という役割を地域で担う。1961年完成の現店舗は阪神・淡路大震災でも倒壊せず、ライフラインとして被災地に資金を供給し続けた。

高くそびえる三井住友銀行神戸本部へ。源流は神戸銀行だ。ここに来ると山崎豊子の名作「華麗なる一族」（73年）が浮かぶ。作中、主人公の頭取万俵大介は六甲の山荘で思いを巡らす。〈金融再編成の波を肌で感じると、いくらじたばたしたところで、所詮《しょせん》、神戸に本店を置く地方銀行的な都市銀行に過ぎないことが、痛感された〉

神戸銀行の姿が重なる。本店を神戸に置いたこの都銀の存在感は際立っていたが、小説のリアリティーを増すかのように合併を重ね、太陽神戸銀行、さくら銀行、三井住友銀行になった。本店は神戸から東京に移った。

銀行協会のビルに戻ろう。協会がここにビルを構えたのが1951（昭和26）年。鉄筋コンクリート地上4階、地下1階。手掛けたのは住友総本店出身の建築家長谷部鋭吉（1885〜1960年）だ。クリーム色の外壁は温かみがあり、1階の南面には大理石の列柱。窓も丸、横長、縦長とどこか明るさを感じさせる。歴代会長は八馬兼介、岡崎忠、石野信一、塩谷忠男、奥村輝之、松下康雄…。神戸銀行、太陽神戸銀行の歴代頭取の名前が印象深い。

3階には社交場として親しまれた神戸銀行倶楽部がある。「産業界と金融界との交流を密接にし、神戸経済界の発展に寄与する」という趣旨がいい。神戸商工会議所副会頭を務めた財界人柏井健一は「神戸独自の代表的なクラブ」と自伝につづった。「屋上にはゴルフのレッスン場を設け、3階はレストラン、4階に談話室、地下には理髪店まであった」

このビルは建て替えとなり、2025年には11階建てのオフィスビルに生まれ変わる。低層階はレトロなデザインにするという。神戸経済の輝かしい一時代を愛惜を込めて思い返したい。

（加藤正文）

三井住友銀行神戸本部

源流の一つである神戸銀行は1936（昭和11）年、有力7行が大同合併して誕生。73年に太陽銀と合併し、太陽神戸銀になり、その後、さくら銀、三井住友銀になった＝神戸市中央区浪花町

日本銀行神戸支店

1927（昭和2）年開設。当時は鈴木商店破綻などによる金融恐慌のまっただ中。その後、戦争や阪神・淡路大震災を乗り越え、地域金融の安定に貢献した＝神戸市中央区京町

神戸銀行協会

兵庫県に本・支店を持つ銀行（都市銀行、地方銀行、信託銀行、第二地銀協加盟銀行）を社員とする社団法人。1945（昭和20）年設立。源流は1886（明治19）年、有力銀行でつくった兵神銀行懇親会。ビルの建て替えに伴い、三井住友銀行神戸本部ビルに移った。

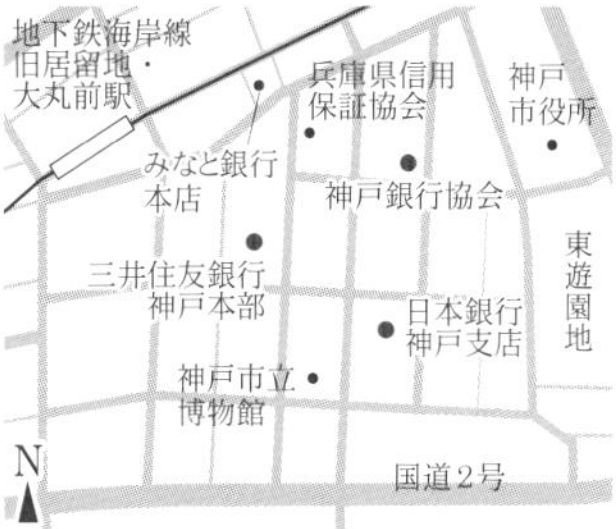

魚の棚商店街は古くから明石の台所としてにぎわう

作家遠藤周作が多感な十代を過ごした宝塚市の仁川弁天池付近

夕暮れ時の城崎温泉街

第二章

光と影の風景

第二章では、阪神間（尼崎・西宮・宝塚）や神戸市の周縁部（灘・兵庫・長田・須磨）、および明石・姫路（播磨）・城崎（但馬）・篠山（丹波）・洲本（淡路）等、兵庫県の広範な地域に展開する都市空間それぞれの「いま」を歩きつつ、そこに見え隠れしている、確かに存在した「過去」の記憶を掘り起こすことに努めた。

「過去」は必ずしも幸福な思い出ばかりではないが、それらがかすかな形であれ記憶されていること自体が、明日へと続く人類の希望なのではないか。

神戸・湊川新開地

自由をわれらに

戦前神戸屈指の歓楽街だった湊川新開地には、どのルートから入るのが良いだろう? たとえば、やや遠回りだが、ハーバーランドの松方ホール前から右折し、ガントリークレーンの見える川崎重工業の正門前を経由して北上するルートは興味深い。左手に解体された稲荷市場と松尾稲荷、右手に横溝正史の生家があっ

松尾稲荷神社

川崎重工神戸工場の正門に近い場所にある松尾稲荷神社。社殿の天井には紅白のちょうちんがずらりと並ぶ。神の使いとされるキツネの絵が鮮やかだ。奥には古いビリケン像も鎮座する=神戸市兵庫区東出町3

た東川崎町の街並みを眺めながら北上すると、高速とＪＲの高架の向こうに、チャップリンを象《かたど》ったゲートが見えてくる。

　このゲートを突き抜け、多聞通を越えて、右手に戦前の福原遊郭の区域を控えつつ、アーケード街の緩い傾斜を上りつめると、急に視界が広がり、湊川公園が現れ、天地が開けたような感覚に襲われる。時代の第一線から遠ざかった今は、漫歩する高齢者とベトナムの若者がすれ違い、安楽さと寂しさが交じり合う雰囲気を醸し出している。

　ここにはかつて旧湊川の高い土手が南北に通っており、東西

の街を分断していた。1896（明治29）年8月の深夜、大洪水が土手を決壊させ、付け根にあった福原遊廓では娼妓《しょうぎ》たちが暗闇の中を逃げ惑った。「わいらの新開地」（1981年）の著者・林喜芳（「土手下」と呼ばれた東川崎町で育った）は、「おやまがぎょうさんながれてきよった」という母親の言葉を書き留めている。その後、湊川の流路は付け替えられ、河川敷の跡地に劇場や活動写真館、寄席が進出、戦前屈指の歓楽街に変貌したのである。

大阪毎日新聞記者の村嶋帰之《よりゆき》は22（大正11）年の「わが新開地」で、当時の表通りの細密な地図を描き出している。新開地は「簡単」「廉価」を身上とする小資本商人の独擅《どくせん》場《じょう》であり、大資本の百貨店は続かなかった。「電車道」の南側には名だたる「活動写真小屋」が強烈な色彩の絵看板を連ね、夜は「多数の電光で包まれて今にも燃えだしそうに」見えた。朝夕、川崎の工場に勤務する職工の「青き流れ」、深夜に松尾稲荷に参詣する芸妓《げいぎ》や仲居の「赤き流れ」が通り、湊川公園ではアセチレンランプの匂いの中で香具師《やし》の口上が群衆を集めたという。

しかし、自由への願望を刺激し続けた街は45年の神戸大空襲で炎上する。君本昌久「いろまち燃えた」（83年）は、福原の女たちの被害の真相を求めて著者が彷徨《さまよ》う鬼気迫るノンフィクションである。そこには、行動の自由を奪われたまま死なねばならなかったであろう彼女たちの記憶を蘇らせようとする著者の執念が息づいている。

戦前の湊川公園近くには官憲の目を逃れて古書店を営む社会主義者やそのスパイも潜んでいた。横溝正史の短編「路傍の人」（26年刊「広告人形」所収）は、語り手と探偵趣味の知人が、「新開地筋もずっと上手の、香具師だの夜店だのが根拠地にしている空地」で「お春さん」として知られた狂女に遭遇する話である。彼女を偽者だと直感した知人は新湊川沿いの陋屋《ろうおく》まで女を尾行し、最終的に彼女が結婚に破れた子爵令嬢で、自由な生活に憧れて変装したのであったことを突き止める。彼女は変装願望を持つ異常者とされているが、そのことを暴いた知人や語り手自身も実は同類なのだということが最後に示唆される。ここは神戸の光と影が凝縮された都市空間なのである。

（樋口大祐）

湊川新開地

空襲で大きな被害を受けたため、戦前の面影を残す建物は少ない。しかし、深夜に「赤い流れ」が通ったと言われる東出町の松尾稲荷は、解体中の稲荷市場の中でかろうじて健在である。湊川公園のトンネルの付け根の壁をくりぬいた細長い商店街（ミナエンタウン）の入り口にはパルシネマしんこうえん映画館がある（昭和初期、公園内外には神戸タワー、湊川水族館、それに「映画と風呂」がキャッチフレーズの湊川温泉があった）。今でも公園東側から北向きに、湊川商店街、東山商店街、新湊川商店街と、昭和のパサージュ（アーケード街）が連鎖的に続いている。東山商店街の北端には、新湊川が高い堤防に囲まれて西向きに流れ、会下山を貫通する湊川隧道（近代化産業遺産）に吸い込まれている。

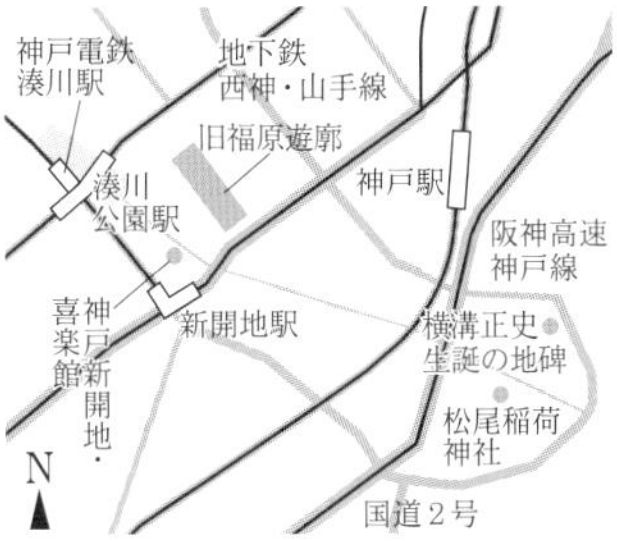

「西の浅草」と呼ばれ大衆を引きつけてやまなかった新開地本通り。人通りは減ったが2018年には上方落語の定席「神戸新開地・喜楽館」がスタート。昼席前には一番太鼓が鳴り響く＝神戸市兵庫区新開地２

軍都と焼け跡の記憶

姫路城下

危うい均衡の中、羽を休めて

現在、姫路市内には、世界遺産・姫路城についての情報と比べて軍都や焼け跡を記憶するための標識が目立たない。しかし、軍都の歴史は姫路の近現代史の中核をなしているのではないだろうか。

姫路城を取り囲む空間を一周してみよう。まず、現在の三の丸広場の辺りには、かつて歩兵第十連隊の兵営があった。大手門を出て東向きに歩くと、約6万人の「英霊」を祀る護国神社（旧姫路招魂社）の鳥居に差しかかる。神社南側の大手前公園と隣接する「イーグレひめじ」の辺りは、広大な城南練兵場の一部だった（戦後、焼け跡の一角に戦災者・引き揚げ者が集住する空間「お城マート」が誕生する）。城見台公園前の交差点で左折し、県道518号線を北上すると、右手に賢明女子学院、淳心学院のキャンパスが目に入るが、ここは第十師団の司令部だった。美しいカトリック淳心会の建物はかつて師団長官舎であり、戦後の一時期は進駐軍高官の宿舎として使用されたという。

姫路城

天候や時間、季節によってさまざまな表情を見せる姫路城。かつて空襲で焼け野原となった街で人々はどれほど心癒やされたことだろう＝城の北東部から

さらに北上すると、右手に姫路医療センター（旧衛戍《えいじゅ》病院）、左手に市立美術館の壮麗なレンガ建築（旧陸軍被服庫）が見える。これら城の東側から北側・西側に至る地域を、中濠が包み込むように囲繞《いにょう》している（シロトピア記念公園は、戦前は姫山練兵場、戦後は公営姫山住宅だった）。城の西側、船場川と中濠が並行する流域には現在、瀟洒な「千姫の小径《こみち》」が設けられており、その道を白鷺《はくろ》橋

ＪＲ姫路駅前から延びる幅員50メートルの大手前通りは戦災復興で設けられた。ビルが立ち並び、巨大な通路のように姫路城まで続く

まで来ると南部土塁に至るが、この土塁の内側は歩兵第三九連隊の兵営地だった。そしてその焼け跡にも戦後、戦災者・引き揚げ者の「石垣集落」が生まれた。ここで育った劇作家の鄭義信氏は「私たち一家は世界遺産に住んでいた」と冗談を飛ばしている（国際交流基金「アーティスト・インタビュー」2007年12月19日）。

姫路の近代は藩主が幕閣の一員であったために朝敵とみなされ、官軍に投降する地点から始まる。兵庫県の一都市に格下げされた姫路に残されたのは、城下の土地を提供して軍都に転生する道だった。日清戦争で歩兵第十連隊が多くの犠牲を出した翌1896年、姫路は第十師団（歩兵第十連隊・同第三九連隊、騎兵・野戦砲兵各第十連隊、輜重《しちょう》兵第十大隊等）の誘致に成功し、日露戦争でも沙《さ》河《か》会戦等を戦った。軍都の連隊は昭和の戦争でも各地で転戦し、多くの若者がフィリピンや南洋から帰ってこなかった。他方、軍都の誇りと生活感情の中で生きてきた姫路市民も、1945年の二度の空襲で半数近い人々が焼け出されている。戦後の姫路はGHQと伝説的な石見元秀市政のもとで再び激動の歴史を開始するが、それはまさにゼロからの出発だったのである。

作家・吉村昭は小説「遠い日の戦争」で、BC級戦犯として戦後も逃亡生活を続ける男の眼に映る姫路城の姿を描いている。「焼けた姫路の平坦《へいたん》な地に、城が、紙にのせられた文鎮のように安定感を与えている。天候によって城は色変わりし、曇天の日には淡褐色に、晴れた日の夕刻には紫色をおびてみえたりした」

激動の近現代史の前に佇《たたず》む、優美でときに妖艶な一羽の白鷺。姫路の城と街の魅力は、この微妙で危うい均衡の中に潜んでいるのではないか。

（樋口大祐）

姫路空襲

1945年6月22日午前の空襲の標的は姫路城東側の川西航空機姫路製作所。341人が死亡した。7月3日深夜〜4日未明には173人が死亡した。姫路市には惨禍を伝える市平和資料館があり、近くには、全国の空爆犠牲者を悼む慰霊塔もある。

千姫の小径

城の中濠と船場川に挟まれる散歩道。左右に豊富な水流を眺めながら歩くことができる＝姫路市本町

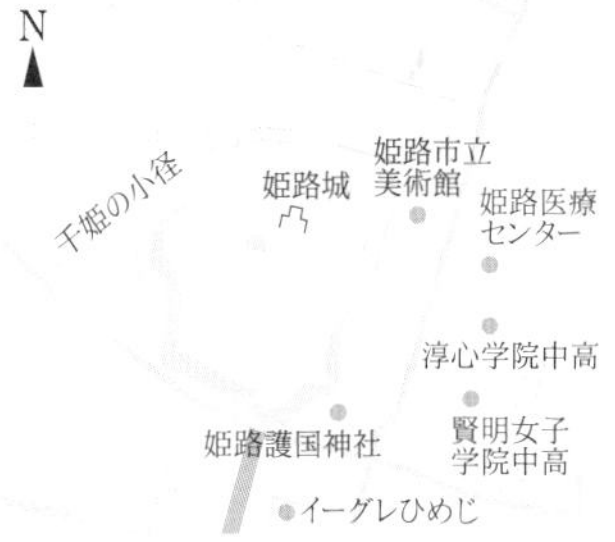

南部土塁

埋門（うずめもん・左）から道路に沿って延びる。古い石垣が街の風格を増す＝姫路市本町

カトリック淳心会本部

旧陸軍第十師団長官舎。往時をしのばせる意匠に目を奪われる＝姫路市本町

人生の再出発の地

姫路・市川沿い

ベトナム移民の落地生根

市川の中流、播但線仁豊野《にぶの》駅近く、国道312号沿線の聖マリア病院に隣接するカトリック淳心会の施設内に、かつてのベトナム難民有志が建立した「感謝碑」（ベトナム語・日本語の2言語）がある。1979年、戦争から逃れて来日した人々のための姫路定住促進センターがこの地に設けられ、96年まで2500人以上の難民を送り出した。

戦時中、ここは第十師団に軍需物資を提供する会社「須鎗《すやり》産業」の工場だった（動員された朝鮮人労働者の集落跡が残っている）。戦後、工場は進駐軍に接収され、その後、病院と修道院が建立された。

昔も今も日本の難民受け入れ率は極端に低い。人々の警戒心を解き、あらゆる困難を克服して難民の居場所をつくることを決断したのが、カトリック淳心会のヘンドリックス・クワードブリット（通称ハリー）神父だった。仁豊野の地は、故国を離れたベトナム難民が人生の再スタートを切るための出発点になったのである。

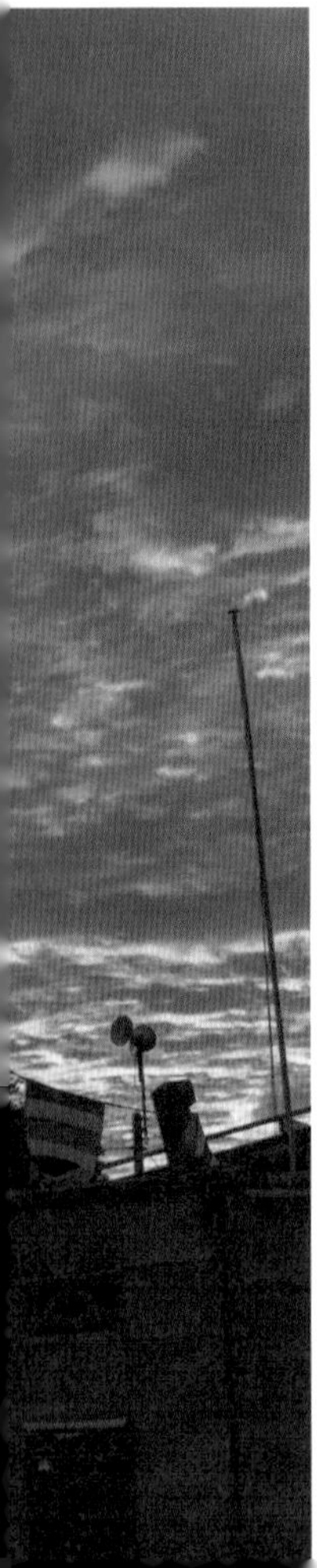

大南寺本堂

休日に集まり読経と祈りをささげるベトナムの人々。音楽のような調べから信心深さが伝わる。姫路で暮らすベトナム人たちの心の支えになっている＝姫路市四郷町坂元

朝焼けを背景に浮かぶ大南寺の門柱と観音像。ふとベトナムの風景を思い起こさせる＝姫路市四郷町坂元

３１２号は市川と播但線の間を南西方向に通り、大日交差点で県道３９８号と分岐する。大日に近い野里の商店街は城北練兵場や第十師団の野戦砲兵第十連隊などの兵営（現在の競馬場や自衛隊駐屯地）に近く、遊廓や映画館などで栄えた。南下すると大戦末期の第一次空爆で甚大な被害を出した二本松交差点、丸尾町交差点に至る。空爆では京口駅東の川西航空機姫路製作所を中心に、日本フエルト（現アンビック）や山陽皮革（現山陽）の工場が狙われたのだが、工場と工場のはざまの二本松や丸尾町には、多くの朝鮮人が集住していた（彼らの犠牲はどれほどだったのだろう？）。

戦後、城東、野里、花田などの地域には多くの公営住宅が建てられ、80年代以降、定住促進センターを出たベトナム人家族が移り住むようになった。鉄工所や皮革工場、産廃処理場などで働く両親の下で子どもたちが地元の小学校に通い始める。市川東岸の花田小、同じく西岸の城東小、東小でベトナム人の子どもたちと関わってきた城東町補習教室代表の金川香雪さんは言う。「この三つの小学校校区が難民家族たちの第二の居場所となったのです」

そして難民受け入れから約40年後の現在、日本で育ち、家庭を持った世代が、高木や四郷《しごう》に一戸建てを購入するようになった。３９８号を東進し、高木橋で市川を渡ると、皮革産地・高木に入る。その北端の花田堰近くの山沿いに旧家を改築したベトナム寺院・福圓寺がある。また、市川下流近くの四郷町坂元にある大南寺（チュア・ダイナム）では、ベトナム語で記された絵馬の横に白亜の観音像がほほ笑んでいる。

神戸・長田の和楽寺（チュア・ホアラック）の住職で大南寺の副住職も兼ねる釈徳智（ティック・ドゥック・チ）さんは「名前は歴

姫路定住促進センター跡地

ベトナム難民有志が2012年、感謝碑を建立した。「難民を受け入れ、世話してくださった日本政府はじめ、諸団体・個人に対し感謝の意を示すために建てられた」とある＝姫路市仁豊野

かつて定住促進センターを出たベトナム人が移り住んだ城東地区の集合住宅地区。白山神社、真宗寺前の堀にはハスの花が咲いていた＝姫路市城東町

姫路定住促進センター

1979年開設、96年閉所。ベトナム戦争終結前後から始まったインドシナ（ベトナム、ラオス、カンボジア）難民の大量流出に対し、日本は78年に難民の定住を認め、姫路や神奈川県大和市に設けた促進センターなどを通じて基礎的な日本語教育と生活訓練を数カ月間行った。就職先としては姫路の皮革産業のほか、神戸・長田のケミカルシューズ産業なども受け皿になったと言われている。

史上の国名から取りました。旧正月（テト）には全国から千人以上が集まります」と話す。種子が地に落ちてやがて根を張り、花が咲くことを「落《らく》地《ち》生《せい》根《こん》」という。姫路は移民家族の新たな故郷《ふるさと》となりつつあるのである。

（樋口大祐）

工場群が並ぶ。国内の革なめし生産量の7～8割は姫路とたつので占める＝姫路市花田町高木から撮影

人生の陰影、物語に昇華

阪神尼崎・出屋敷

流民の街の微光

阪神尼崎駅のプラットホームから海側を眺めると、約１５０年ぶりに再建された尼崎城が白く輝いているのが目に入る。駅南側左手の歩道橋を上り、庄下《しょうげ》橋を渡ると、右手が城址公園である。ここで遊ぶ子供たちの歓声をききながら再建された天守を眺めていると、この１５０年間の尼崎の激動の歴史が夢のように感じられる。

　公園の南側には、開明橋を経て寺町に至る道が走っている。実は

車谷長吉や宮本輝の作品に登場する住居をほうふつとさせる昭和期に建てられたであろうアパート＝尼崎市東難波町５

阪神尼崎―出屋敷駅にかけて枝分かれして広がるアーケードの下には、数多くの商店が軒を連ねる。買い物客や仕入れ客が引きも切らず、にぎわったかつての姿は今はない＝尼崎市建家町

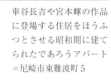

戦前、さらに南の道筋には尼崎で最も繁華を極めた本町通商店街が、2キロにわたって通じていた。戦時中の強制的な建物疎開後、国道43号の計画道路に指定され、明治大正の面影を残す商店街は夢のように消えてしまった。かわって戦後、寺町と反対側の旧侍屋敷の区域に闇市が生まれ、やがて新三和市場や中央商店街等、尼崎から出屋敷まで連鎖する商店街群に発展していくのである。

田辺聖子「夕ごはんたべた?」（1975年）は、70年代初頭の世相のもとで、「猥雑《わいざつ》な下町」の一角に医院を構える医師家族の視点から語られるユーモア小説である。しかし、この街には、人情共同体から疎外された流民たち

も、互いの素性を隠しながら棲んでいた。車谷長吉《ちょうきつ》「赤目四十八瀧心中未遂」（98年）は、食い詰めて尼崎に流れてきた男が、もとパンパン（進駐軍の兵士相手の街娼《がいしょう》）だった焼き鳥屋の女将に雇われ、出屋敷の安アパートで、牛豚の臓物を切り刻んでいた生活を後に回想する体の物語である。刺青《いれずみ》師と同棲している女と知り合った男は、やくざの組の金に手を付けた兄に売られた彼女に誘われ、心中の道行きに出る。女は言う。「うちはアマのバタ屋（廃品回収業）部落で育ったような女やのにな」「うちら人間や言うてるけど、ほんまは人間の皮被《かぶ》った毛物やもん」「兄ちゃん、可哀そうに。必死になって、うちを捜してんね。けど、うちは博多なんか行かへんわよ」。しかし、女は最後、男を置き去りにし、後年アパートを再訪した男は、ひと気ない闇の中で立ち尽くす。緊迫した暗示的な文体が、人々が抱える修羅の諸相と背景の街を、微光の中に浮かび上がらせている。

また、宮本輝の大河小説「流転の海」の第5部「花の回廊」（2007年）は、主人公・松坂熊吾の息子・伸仁が、やむを得ぬ事情で阪神国道裏（東難波バス停近く）の「蘭月ビル」に住む叔母に預けられる話である。凹型をさかさまにした形のアパートで伸仁は在日の老人の最期を看取り、自殺する中年男の話し相手になり、息子に戦死された老婆を慰める。第6部「慈雨の音」（11年）では、南北朝鮮の対立の中で北に「帰還」する親友の兄妹との別れも経験する。大人の眼には一刻も早く縁を切らせるべき「貧乏の巣窟」は、少年にとっては人生の原風景であり、「得がたい何物かを心に培」った「花の回廊」であったのである。

両作品に登場するような安アパートはもう二度と建てられることはないだろう。しかし、それは流民たちのかけがえのない居場所であり、両作家はその場所に、剝《む》き出しの生に根差す黄金風景を現出させた。21世紀、昭和から遠く離れて、この街はどのように変貌していくのだろうか。

（樋口大祐）

尼崎中央商店街

阪神尼崎駅から西に約1キロ続くアーケードを誇る。西端で三和本通商店街とつながり、さらにいくつもの市場や商店街と連携する＝尼崎市神田中通

尼崎城

1618年から数年をかけて築城され、明治期に廃城となった。2019年3月に家電量販店ミドリ電化（現エディオン）の創業者安保詮（あきら）が私財を投じて再建、一般公開となった。高さ約24メートル、5階建て＝尼崎市北城内

寺町

尼崎城築城の際、城地や町場などにあった寺を集めたエリア。写真は「赤門の寺」と呼ばれる専念寺＝尼崎市寺町

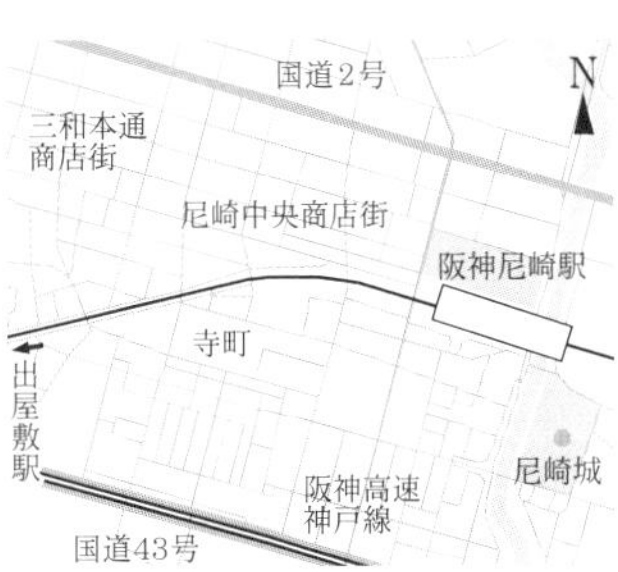

小説の中の尼崎

田辺聖子（2019年死去）は大阪出身。福島区で育ったが、戦災に遭い、戦後の一時期、尼崎市内の武庫川沿いの町で暮らした。尼崎舞台の小説には「虹」「うたかた」など。「最後の文士」とされる車谷長吉（2015年死去）は姫路出身。1970年代の一時期、尼崎で暮らした。「赤目四十八瀧心中未遂」は直木賞。2003年に映画化され、寺島しのぶは日本アカデミー賞最優秀主演女優賞。宮本輝は神戸生まれ、大阪育ち、伊丹在住。「流転の海」は作者の父をモデルとする壮大な大河小説。初期の中編「幻の光」にも「花の回廊」に出てくるような安アパートが登場する。

女たちの記憶

西宮・今津界隈

「酒都」の面影を残して

現在の西宮市には、文教住宅都市、または阪神間モダニズムの印象が強い。しかし甲子園などの「西宮七園」は本来の西宮ではない。近世の西宮郷は西宮神社（戎《えびす》さん）の門前町であり、灘五郷を代表する「酒都」であった。20世紀初頭の郊外開発後も、長い間、西宮の中核は近世以来の都市空間だったのである。

阪神香櫨園駅から夙川橋を渡って直進し、戎神社の南門から東の赤門へ回ると、本町通（旧国道）に接続する。1927（昭和2）年の阪神国道開通まで、東西の本町通と南北の札場筋の圏域が町の心臓部だった。かつて神社の西北に集住していた傀儡師《くぐつし》たちの姿は消えたが、札場筋の東を蛇行する六湛寺川に沿って、巨大な墓地（現市役所）、劇場・映画館、カフェー・料亭・遊廓《ゆうかく》等が並んでいた。

女形人形遣いの二代目桐竹紋十郎の物語である瀬戸内晴美「恋川」（70年）は、彼が少年の頃、戸田町にあった三浦座での興行後、料亭でえくぼのある芸者に見初められ、「う

現在の久寿川（中央）は、地下水路になって高速道路と国道43号（奥）を越える。今津公設市場は国道南側にあった＝西宮市今津水波町、今津久寿川町

ちの屋形」で筆おろしされる様を描いている。「はじめての女は死ぬまで覚えてんとあきまへんえ」と言い、蛍と戯れた女のその後の消息はわからない。

西宮の遊廓は明治末年、市中に散在していた貸座敷を本町通り北の裏町通（現戸田町付近）に集約した。1930年には「西宮小唄」が作られ、市長の序文と芸妓《げいぎ》73人の写真つきの冊子も刊行された。六湛寺川沿いの圓福寺の愛染祭は女性の信仰を集め、天理教会や金光教会、公設母子寮もあった。「酒都」は水商売の女性の多い街だったのである。

旧国道は六湛寺川と東川に挟まれた堤防を渡り（大正中頃まで真っすぐな道はなかった）、旧西宮高女や津門川を経て阪神・阪急の今津駅前に至る。今津駅前は戦後、闇市起源の阪神・阪急市場が栄えたが、戦前まで町の中心はもっと東方にあった。駅前商店街の先の公民館周辺は50年の移転以前は墓地で、モダン建築・六角堂のある今津小学校に接し

六湛寺川

古い石橋が架かり周囲に飲み屋街が広がる。かつて市中の遊廓が集められ、裏町通と呼ばれた地区は写真より下流。東川との接点付近には水害よけを祈るほこらが集められている＝西宮市戸田町

水木しげる邸跡

阪神・阪急の今津駅を中心に広がる今津駅前商店街の中にある。周辺は戦後からにぎわいを見せ、東の久寿川駅周辺と入れ替わるように繁栄した。水木氏は斜陽の紙芝居業界で「墓場の鬼太郎」などを描いていた＝西宮市今津水波町

六角堂

1882（明治 15）年に建てられた今津小学校のモダンな木造校舎。六角形のバルコニーが特徴的。地元住民に愛され、同校の敷地内を移設されながらも戦禍や震災を乗り越えて存続する＝西宮市今津二葉町

西宮・今津

1950年代中頃、今津駅前通りには無名時代の水木しげるがＢＣ級戦犯だった兄と一緒に住んでいた。彼が神戸新開地の水木通から転居してくる数年前、徒歩数分の距離にあった下今津墓地が移転のため掘り返されている。半世紀前に死んだある尼僧のクスノキの棺（ひつぎ）は芳香を放ち、奇麗になでつけられた毛髪や皮膚がまだ残っていたという。

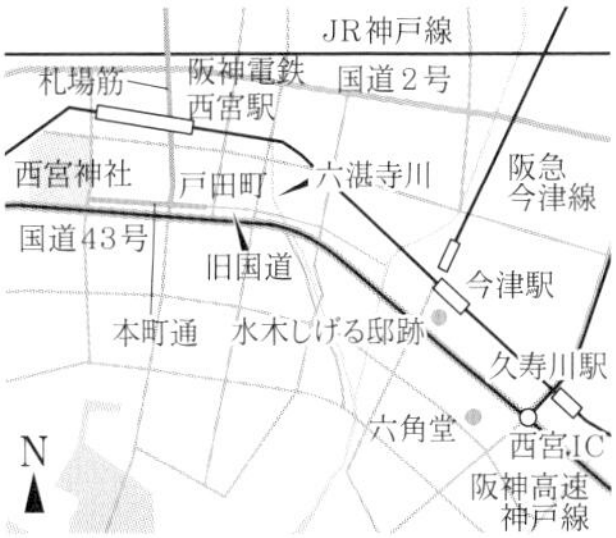

ていた（今は国道43号が分断）。さらに進んで西宮ＩＣを抜けると久寿川駅に至る。かつて駅南に常源寺があり、門前から大関の酒蔵を経て灯台に至る道が基幹道路だった。駅や寺の周囲には商店街、川沿いには公設・私設市場が軒を並べていた。

野間宏「青年の環《わ》」（71年）は主人公の母、矢花よし江の姿を戦前の今津を背景に描いている。真宗系宗派の布教者だった夫に死に別れ、劇場券の前売りで生計を立てている彼女は夫の墓参後、公設市場を通って信者の病身の娘や老婆を訪問する。「後家」故の噂に悩まされ、資金繰りのために甲子園近くの貸家を手放そうとして騙され、家族の無理解に心折られながら、彼女は仏を念じ、自身を元気づけようとする。「こんどの中座の切符で、きっときっとやってやるよって。きっと、これでもって取り返して、みんなを見返してやるから」

戦後、久寿川の風景は寸断された。墓地や寺院は移転し、市場も消滅し、高速を走る車の轟音と震動が地鳴りのように響いている。しかし、生活に疲れた女が心の渇きを秘めて彷徨《ほうこう》する雰囲気は今もどこかに残っている。西宮・今津界隈には、近代化の嵐のなかを生き抜いた女たちの記憶が埋め込まれている。

（樋口大祐）

回帰する「瞼の街」

西灘・大石・六甲

山上の光、海の匂い

18世紀上方の俳人・与謝蕪村に「菜の花や摩耶を下れば日の暮るる」という句がある。摩耶山の名は天竺《てんじく》の高僧・法道仙人によって開かれ、在俗時代の釈尊（悉達《しった》太子）の生母・摩耶夫人を祀る仏母摩耶山天上寺に由来する。

現在、観光地としての知名度は六甲山に凌駕《りょうが》されたが、江戸時代までの摩耶山は全国にきこえた観音霊場であった。

18世紀前半、現在の灘区にあたる山麓の村々では、菜種油を採取するための大量栽培が始まっており、蕪村が見たであろう、春の夕暮れ、山裾の村々に菜の花が咲き乱れる風景は、この地域が神戸市の東郊の住宅地として開発され始める1920年代まで残っていた。

摩耶鋼索鉄道（現・摩耶ケーブル）が開業した25年、当時小学生だった作家の島尾敏雄（17年生まれ）は、神戸市に編入される直前の「西灘村」に転居したが、山の「中腹を縫って敷設されたケーブルカーの鉄路が甚だ恰好な目じ

西郷地区の入り組んだ小路で酒造メーカーの大きな屋外タンクに行き当たった。阪神・淡路大震災までは酒蔵の黒塀が続いていた。近くには沢の鶴資料館もある＝神戸市灘区新在家南町5

るしとなって刻みつけられていて、時折り上下する電車を玩具のような小ささで望み見ることができた」（「西灘村界隈」）。今でも、薄暮から宵にかけて、摩耶ケーブル下から「桜のトンネル」を過ぎ、阪急電車の線路を越えて水道筋あたりから背後を振り返ると、摩耶山上の展望台（掬星《きくせい》台）の光が、海上で仰ぎ見る星のように瞬いているのを見ることができる。

小学生だった島尾にとって、「それほど広くはないが両がわに各種の店舗を連ねたにぎやかな」水道筋の記憶は、まるで「長い胎内くぐりの残像」のように、作家の一生に同伴した。水道筋を東に突き抜けると、阪神・淡路大震災後に整備された都賀川（大石川）の遊歩道に出る。中河与一の恋愛小説「天の夕顔」（38年）には、西灘に住む人妻と主人公の男が、二人で裸足《はだし》になって大石川を渡るシーンがある。女は道端で夕顔の花を摘み取り、「手に白い花がにじんで、それが夕暮れの色を余計に濃く」していた。男はその夜の思い出を支えに、生涯独身を貫こうとする。この小説では、海の匂いのする夕暮れの大石界隈が、男の孤独を慰める「瞼《まぶた》の街」となっているのである。

30年代になると、都賀川東岸の六甲地区においても、宅地開発が本格化する。「火垂るの墓」の作者・野坂昭如（30年生まれ）は36年、石屋川の手前の中郷町に転居し、45年の空襲まで養父母たちとともにここに住んだ。「吾故郷在焼土」（わがふるさとはしょうどにあり）は、戦後、神戸を離れた筆者が、たびたび復興さなかの故郷を訪れ、かつての生活の痕跡を捜しまわる自己の姿をやや戯画的に描き出したエッセーである。戦後ずっと「胸の底に神戸という穴があって、何かにつけ、ここへ逃げこんでいた」筆者は、成徳小学校屋上からながめた「六甲山暮色」、都賀川左岸の酒蔵近くの「稲荷の赤いノボリ」等、個人的な記憶にのみつながる「わが神戸八景」を作り出し、その記憶を反芻《はんすう》する。野坂にとってそれは突然家族を奪い去った世界と和解するための儀式のようなものだったといえる。

島尾、中河、野坂、3人の作家にとって、戦前の西灘、大石、六甲の街は、人生の意味を確認するために繰り返し立ち戻る「瞼の街」だったといえるだろう。

（樋口大祐）

旧西灘村一帯

摩耶山（中央）と都賀川の間に広がる旧西灘村一帯。山から海にいたる斜面に住宅が立ち並ぶ＝阪神大石駅付近から

水道筋商店街

長いアーケードの中に歳末の買い物客が詰めかけていた。島尾敏雄が「長い胎内くぐり」と表現したにぎわいは今も変わらない＝神戸市灘区水道筋1、2

六甲八幡神社

長い参道が木立に覆われ、静寂をたたえる。野坂昭如によると、境内周辺は空襲後も変わらぬ風景をとどめていたという＝神戸市灘区八幡町3

神戸市灘区

山麓から見下ろす浜側の街の広がり、浜側の駅から望む山々に抱かれた街の表情は変化に富む。灘区は1929年、西灘村・西郷町・六甲村が神戸市に合併されて発足（区名は31年から）。西灘村は摩耶山麓で都賀川のほぼ西側、六甲村は六甲山麓で川の東側、西郷町は川の下流から海に至る酒造地帯（近世の大石村と新在家村）にそれぞれあった。

逆流の中で築いた暮らし

長田・新湊川流域

多民族の広場

ＪＲ新長田駅南側、広い空の下の駅前広場。地下鉄の駅と直結し、合同庁舎の移転を済ませた新長田は、神戸市の西の拠点としての顔を整えつつある。商店、町工場、長屋が櫛比《しっぴ》していた頃の賑わいはもうない。が、あの災厄の光景が目に焼き付い

ている者ならば、今の景観に「一身にして二世を経る」感慨を抱くことだろう。実は新長田駅は地元住民の財政的負担で1950年代に設置された「請願駅」である（今でも快速が停止しない）。この事実には長年、周縁的な位置を強いられてきたこの街の苦闘の歴史の一端が現れているように思われる。

　今の長田区は、戦前は林田区と呼ばれており、兵庫運河以東の地域を含んでいた。19世紀末に鐘紡兵庫工場が設立され、兵庫運河が開通して以降、海岸や運河沿いに川崎・三菱の大工場、製糖、製粉、木材、マッチ等の各工場が林立、巨大な労働人口を吸収するに至った。1920年代には、ゴムの家内工場が急成長し、新湊川以西に西新開地がひらかれ、本町筋、六間道、大正筋商店街や二葉新地が栄えた。30年代には神戸市の工業生産の40％を占めるに至っている。

　現在、地下鉄海岸線苅藻駅から地上に出ると、1920年に開設された「市立神戸屠場《とじょう》」の後身の中央卸売市場西部市場が見える。30年代、奄美移民一世の男が、この屠場で仕入れた豚肉を自転車で元町の「新生公司」に運んだのが、本町筋（かつて徳之島銀座といわれた）の精肉会社「マル

市場の精肉店にはさまざまな蒸し豚料理が並ぶ。店内に南国の風が吹く＝神戸市長田区二葉町2、マルヨネ本店

連なるアーケードが往時の繁栄をしのばせる。付近は商業、娯楽施設が密集し「西新開地」と呼ばれていた＝神戸市長田区庄田町2、二葉町2

ヨネ」の出発点である（現専務の正岡健二による）。その後、自前で養豚を始め、朝鮮人が作る密造酒から出る酒糟《さけかす》を豚の飼料とするようになり、朝鮮人・ベトナム人を得意客とする精肉会社に成長した。ここでは豚だけではなく、神戸牛も解体する。まさに「居場なくして神戸ブランドなし」という表現がふさわしい。

苅藻から西へ、新湊川を渡った先には、震災時、ベトナム住民に居場所を提供した南駒栄公園（現アグロガーデン）があり、東側・運河寄りの東尻池町8丁目にはベトナム寺院和楽寺がある。北上すると西神戸朝鮮初級学校が立地している。省線（現ＪＲ）北側の菅原通には30年代、新湊川沿いには50年代に多くの朝鮮人バラックが並んでいた（が、官憲により撤去された）。31年には御蔵通の兵神ゴム争議で守衛が朝鮮人にピストルを乱射する事件があり、48年の阪神教育闘争では新湊川対岸の神楽小（現長田南小）内の朝鮮人学校がＧＨＱの学校閉鎖令に抵抗し、非常事態宣言の発令に至っている。長田のゴム産業は戦後、ケミカルシューズを開発・輸出し始めるが、その担い手の過半は在日だと言われる。

新湊川流域は、何重にも周縁的な位置を強いられた在日の人々が、逆流の中で築き上げた生活拠点となったのである。

そして1930年代、東尻池2丁目にはシュルレアリスト詩人・矢向季子が住んでいた。その詩には夏の夕べにこの地に漂い来る海の匂い（季村敏夫による）とそれに浸された身体感覚が刻印されている。「大地にかよふ水銀の脈搏が／白くもくれんの花のや（う）に／あたしの情《こころ》に匂ふてゐる」（「月」）「白汀《なぎさ》に私の影らしいあたしが倒れてゐる（中略）唇は塩っぱい更《あらた》な生みを始める」（「青い貝殻」）。戦争前夜に生き、僅か十数篇を残して消息を絶った詩人のかすかな声に耳を澄ませたいと思う。

（樋口大祐）

長田区東部から兵庫区方面を望む。新湊川（手前）対岸は大小の企業や工場の間に住宅が密集する。右手奥に西部市場がある＝神戸市長田区西尻池町５から

長田区

終戦後、戦前の林田区の領域のうち、兵庫運河以東の地を切り離し、須磨区の旧西代村地域を編入して成立した。面積 11.36 平方キロ、人口９万４千人（2020 年）、半世紀前の最盛期の約半分。1995 年の阪神・淡路大震災では千人近くが亡くなった。外国人住民が全人口の約１割を占める。

「よそ者」たちの交差点

姫路・書写

彷徨うヒロインの休息地

現在の姫路市街は、近世初期に築城された姫路城を中心とする城下町がベースになっている。しかし、それ以前、古代や中世においても、姫路市域は播磨一国の中心だった。14世紀半ばには、北西郊外の峯相山鶏足寺を舞台に、播磨一国の地誌や伝説を記述した「峯《みね》相記《あいき》」が書かれている。

15世紀には、赤松氏が書写山南麓に守護所（坂本城）を構えていた。書写山は10世紀に性空《しょうくう》上人によって開かれた天台宗の霊場だが、15世紀頃の南麓には東坂本・西坂本の門前町や、守護所を含む都市空間が形成されてい

椎名麟三が9～15歳まで過ごした旧居は如意輪寺の石段下にたたずんでいた（2023年9月解体された）。夕暮れ時、屋根瓦の向こうに月が浮かんだ＝姫路市書写、2022年撮影

たのである。

　現在東坂本に立地する如意輪寺は、かつて女人堂と呼ばれ、山内への参詣を禁じられた女性巡礼者たちの終着点だった。また、今は山内に移されている和泉式部の歌塚は、もとは西坂本の文殊堂にあった。参詣を阻まれた式部は、「冥《くら》きより冥き途にぞ入りぬべきはるかに照らせ山の端の月」と

詠んだと伝えられる。恋多き女性として毀誉《きよ》褒貶《ほうへん》が激しい式部だが、実際に播磨にやってきた証拠はなく、この伝承は式部の末裔《まつえい》を称する漂泊の女性芸能者集団が書写山南麓を拠点の一つとしていたことを想像させる（南方の青山地区にも、和泉式部の腰掛石の伝承が存在する）。

1911年、日方みすという23歳の女性が、東坂の実家の納屋で赤子を出産した。赤子は父親に認知されておらず、数日後、彼女は鉄道線路上を彷徨《ほうこう》しているところを警察に保護され、自殺を思いとどまる。現在、姫路城中濠の市之橋から辻井、安室《やすむろ》、御立《みたち》と幹線道路を北上し、横関交差点で左折して夢前《ゆめさき》川を渡ると書写山南麓地域に入る。県道545号を西に進み（女人堂は「書写」バス停から奥まったところにある）、県立大工学部前のバス停を左折すると、天神山東麓を南北に通じる細道を経て、菅生《すごう》川にかかる町田橋に至る。町田橋を渡って飾西《しきさい》の町に入ると、姫新線余部駅の西方に数カ所、線路と交差する踏切が設けられている。赤子を抱いた彼女が彷徨したのはこの付近だった可能性がある。そしてその時の赤子こそ、後の作家・椎名麟三だった。

その後、彼女は女人堂の脇の家で父親の異なる子供たちを育て、小学校中退の身で息子にローマ字を教えたり、修養団「希望社」の活動に傾倒したりした。1933年、息子が共産党の反戦活動で逮捕された際には、別の男性を同伴して刑務所を訪ねたりしたが、その後、行方不明になってしまう（後に、自殺していたことが判明する）。彼女が教育環境に恵まれていたら、大正時代の「新しい女」の一人としてある程度成功していたかもしれない。女性が語るための言葉を与えられていなかったこの時代、彼女はその振幅の大きさゆえに周囲から白眼視されつつも、与えられた条件の中で懸命に生きたのであろう。それは、和泉式部の系譜の現代における転生と言えるのではないか。
　姫路には他にも、例えば泉鏡花「天守物語」のヒロイン富姫について、8世紀の廃太子・他戸《おさべ》親王の娘とする伝承が存在する等、姫路出身でない女性の伝説が多い。このことは、よそ者たちの交差点として長い歴史を積み重ねてきた、聖地・書写の精神文化の地下水脈のありかを示しているのかもしれない。

（樋口大祐）

お夏・清十郎

江戸時代、触れ書きが掲げられた高札場付近。お夏・清十郎の悲恋物語の舞台でもある。米問屋の娘・お夏は、ぬれぎぬで処刑された清十郎を思い、狂乱したと伝わる＝姫路市本町

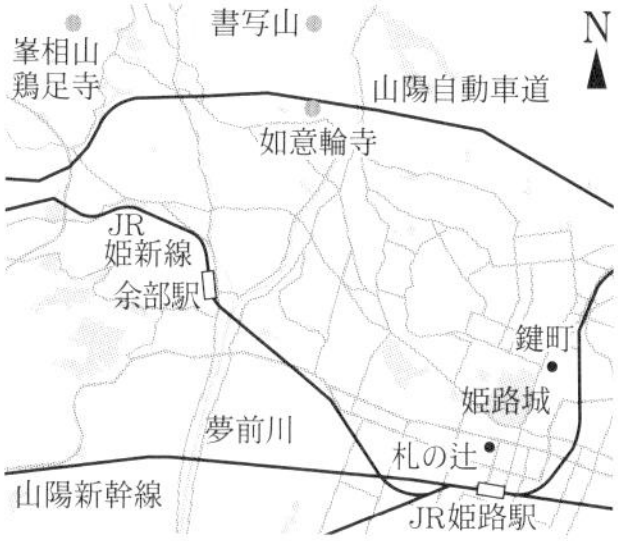

野里かいわい

川柳作家時実新子（1929～2007）が岡山から17歳で嫁いだ文具商は、古い町並みが残る野里かいわいにあった。ここで25歳のとき川柳を始める。女性の立場から真っすぐものを言う作風は現代川柳の知名度を高めた＝姫路市鍵町

椎名麟三《しいなりんぞう》

第1次戦後派の代表的作家。1911年姫路生まれ。中学3年で家出、職を転々とする。現山陽電鉄の車掌であった頃、共産党に入党、逮捕される。戦後、実存主義的な傾向の小説でデビュー。50年キリスト教に入信、73年死去。代表作に「深夜の酒宴」「永遠なる序章」「美しい女」「懲役人の告発」など。

シスターフッドの物語

宝塚・武庫川両岸、小林

連帯が紡ぎ出す「虹色の街」

「歌劇の街」として名高い宝塚市は小林一三による郊外開発でつくられた街である。市域は武庫川によって左右に分かれ、左岸の中山寺は京坂からの参詣客を集める霊場だった。明治中ごろ、まず右岸に宝塚温泉が創設され、関西の奥座敷として隆盛し始めた後、大正期に阪急の路線が開通し、左岸に新温泉やルナパークが創出され、プールを改造したパラダイス劇場で少女歌劇も創始されることになる。

当初、和洋折衷から出発した歌劇は、その後洋楽をメインに、「清く正しく美しく」のイメージに基づく健全な大衆娯楽として発展する。だが、「リボンの騎士」のサファイヤ、「ベルサイユのばら」のオスカルのように、タカラジェンヌの表象の中には、父権的な家族制度に対する面従腹背や性の越境を唆《そそのか》す、妖しくアナーキーな魅力がち

カトリック宝塚教会

建築家村野藤吾氏の設計によるカトリック宝塚教会。敷地内に「ベルナデット」と記された少女像が置かれていた＝宝塚市南口1

りばめられている。

2015年に東京都渋谷区で国内初の同性パートナーシップ制度の証明を受けたのは元タカラジェンヌの東小雪さんだった。宝塚市もLGBTQ（性的少数者）の人権を守る政策を積極的に打ち出している。社会の現実が「タカラヅカ」の秘められた可能性と呼応しあうとき、宝塚市は新しい時代の旗手にふさわしい「虹色の街」に変貌し始めるのかもしれない。

しかし、宝塚の人文的遺産はそれらだけではない。戦前、武庫川両岸には帝国日本の支配下にあった沖縄や朝鮮半島から、多くの人々が移住し、共

存関係を築いてきた。現在、阪急宝塚駅から「花のみち」を抜け、大劇場、手塚治虫記念館、関西学院初等部等を通り過ぎて、荒神川を渡ると、戦後、宝塚朝鮮初級学校があった美座《みざ》地区に入る。左岸の堤防沿いの道をさらに進んだ、大きな美座会館のあたりが、朝鮮半島からの移住者が多かった地域だ。再び直進し、宝塚中学校前の交差点で右折し、宝塚新大橋を渡って右岸に入ると、旧東洋ベアリングの跡地に移転してきた市役所に至る。その前の交差点を左折し、今度は右岸を南下し、韓国民団宝塚支部とロイヤルホームセンターの間を抜けると、かつて「四工場《よんこば》」と呼ばれ、1920年代の武庫川改修工事に従事した朝鮮人・沖縄人がその後定着した地域である。

小林聖心の白い尖塔は市南部のランドマークだ。麓の住宅街には古い商店が並び住民が行き交う＝宝塚市光明町から

　右岸をさらに南下すると高松町交差点に至る。ここから真西を眺めると、六甲山系の緑の中に、小林聖心女子学院の尖塔が小さく見え、その麓の小林《おばやし》駅近くまで、昭和のスナックや居酒屋が途切れながら並ぶ真っすぐな道が通じている。有川浩「阪急電車」は、今津線駅ごとの挿話を配列した小説だが、一番の見せ場は、恋人を寝取った女の披露宴に純白のドレスを着て「討ち入り」を果たしたヒロインが、車内で会った老婦人に「小林で一度

降りて休んでいくといいわ」と教えられ、駅近くのスーパーで着替えた後、町の中のツバメの巣の多さに感動する場面だ。

「渡ってくるツバメにとって、この町は安心して巣をかけ、子育てのできる町なのだ」「いつかこの辺に住んでもいいな、という考えがふっとよぎったのは自分でも意外だった」。ここからは、観光言説では無視される小林に対する作者の愛情を読み取ることができる。孤独を抱えた各世代の女性たちが、行きずりに出会い、さりげなく励ましあい、また別れていく、淡いシスターフッド（女性間の連帯）の物語。宝塚はそんな物語の要求に応じられる街なのであろう。

（樋口大祐）

小林聖心女子学院
（宝塚市塔の町）

1923年創立のカトリック系聖心会のミッションスクール。学校法人聖心女子学院（東京）に所属し、小中高一貫教育を行う。出身者に俳人稲畑汀子、作家須賀敦子ら。作家遠藤周作は戦時中、大学受験浪人として仁川に住んでいた頃、夕方聴こえてくる聖心のアンジェラスの鐘の音に心慰められたという。

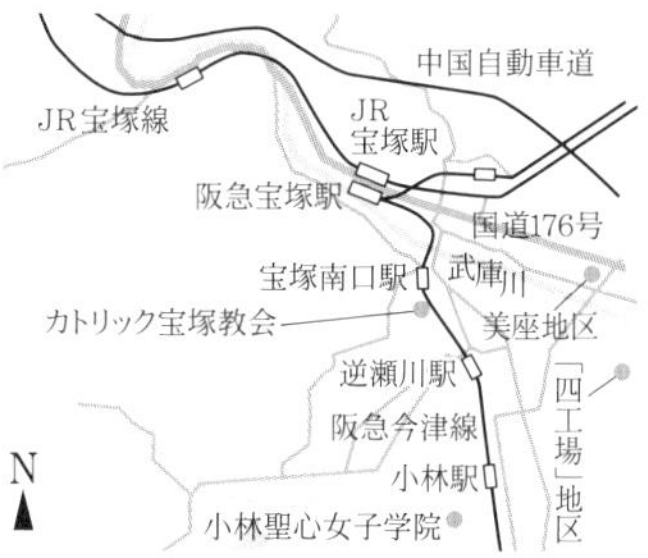

宝来橋

武庫川の左右岸をつなぐ通行路。南東部には旧橋にちなんだ「天然たんさん水この下にあり」と記された石柱が立つ＝宝塚市湯本町から

宝塚小林教会

地元に根付き、路地の中に静かにたたずむ＝宝塚市光明町

城崎

山際の細道、女たちの家

ＪＲ山陰線の城崎温泉駅をおりて駅前広場を左折し、円山川と鉄道に沿う一本道を南下する。城崎小学校の横を過ぎ、前方左手に青色の城崎大橋（現在、架け替え工事が行われており、２０２４年度中にはより下流に新しい橋が完成するという）が見える地点まで来ると、右側に住宅街が広がり、その中を幅の

住宅地の中には地蔵や石碑が随所に見られる。観光客が集まる場所とはまったく異なる空間がある＝豊岡市城崎町湯島

狭い山道が延びている。坂を上ると「山荘　足軽」と書いた旅館の前に出る。その先は「けものみち」になっており、大木が何本も倒れていて通行できない。しかし、昔ここはハイキングコースになっており、城崎温泉ロープウェイの駅や、山向こうの城崎温泉街の南端、極楽寺や「まんだら湯」のあたりに出ることができたという。

現在、この今津足軽地区から温泉街の方に出るためには、この山越えの道ではなく、いったん駅前通りに出て、そこから愛宕神社が鎮座する山麓を迂回し、城崎文芸館の横を過ぎ、大谿川《おおたにがわ》にかかる愛宕橋まで続く細く曲がりくねった道を

たどる必要がある。山際の崖は巨大な墓地になっており、曼殊沙華の花が所得顔に咲いているこの道は城崎の歴史を凝縮したような風情を持っている。

宮本輝の大河小説「流転の海」第6部「慈雨の音」等には、1960年ごろ、主人公の大阪商人・松坂熊吾の世話で温泉街の小料理屋で働くことになった女性たちが、連れ子とともに一つ屋根の下に暮らしている借家が登場する。借家は駅から徒歩15分ほど、小学校や商人宿が並ぶ土の細道を南下し、踏切のそばの三叉路を右に入り、山の端に添った斜面に位置しており、自転車10分で愛宕橋の麓まで出ることができたとされている。作者は、「けものみち」になっている足軽の道と、愛宕橋に通じる曲がりくねった山際の道の両者を合成して、女たちの家と虚構の城崎の地理を創出したのかもしれない。

女の一人、浦辺ヨネは6歳の子供を残し、癌との闘病の末に死んでしまうのだが、その遺品の中には女手で「遊女の墓　みなふるさとに背を向けて」と書いた四つ折りの和紙が残っていた。彼女は遺灰を余部鉄橋の上からまいてくれと言い残し、遺骨の一部は城崎大橋の下の円山川に沈んだ。ヨネは盗み癖のある父親と共に故郷の村を追われた過去を持っていた。日中戦争で生き別れた中国人の忘れ形見である谷山麻衣子も、主人公の世話で、城崎で働いている。

小説の終盤、主人公の妻・房江もまた、夫の浮気に絶望して、死に場所を求めて城崎にやってくる。昔の城崎には、母子家庭の子供がごく短期間、転校してくることが多かったという。旅館や小料理屋の多い城崎は、男性湯治客だけではなく、寄る辺ない女たちを引き寄せ、受け入れてきた街でもあったのである。

「一の湯」「御所の湯」や名だたる旅館が居並ぶ湯の里通りの奥、大谿川の対岸の温泉寺と向かい合って、豊岡市の若者のネットワークの拠点をめざす「ブックストア・イチ」が活動している。足かけ三年にわたるコロナ禍のため、旅館や食堂ではベテランの職人が離職し、東南アジアや南アジア出身の外国人家族が後を埋めつつある。街ゆく人は変わっても、病を癒やす湯の街には、マイノリティが生きやすい場所であり続けてほしいと思う。

（樋口大祐）

足軽旅館のある高台から橋は遠く眼下に広がる＝豊岡市城崎町今津）

城崎と文学

18世紀には旅館街が成立していた城崎。繁華な様子が案内書などに記される一方、俗世を離れた閑寂な境地を求める系譜に属するのが志賀直哉の「城の崎にて」(1917年)。また温泉街で働く女性に焦点を当てた作品としては藤井重夫「静歌」(72年) がある。

夜の温泉街は光と闇が際立つ。魅力に引かれ、平日でも浴衣姿の女性は多い＝豊岡市城崎町湯島

「軍都」の痕跡

丹波篠山

にぎわいを見つめる帝国の記憶

黒豆や丹波栗を生産する「農都」、立杭焼の伝統を持つ「陶郷」、武家屋敷群、妻入商家群、そして大書院の景観を誇る「城下町」。丹波篠山の自然・文化遺産の多彩さは圧倒的である。しかし、篠山が観光都市になったのはそう古いことではない。戦前の兵庫県で、篠山はなにより陸軍を擁する「軍都」であり、その「栄光」と「悲惨」を味わい尽くした街だった。その痕跡は今でも残っている。

旧城下町地区の目抜き通りである二階町通りと大手前通りとの交差点を南下し、大正ロマン館（旧篠山町役場）の前を通って北堀を渡り、旧城内に入る。

林の中にたたずむ墓標群。墓碑銘には第２次大戦以前に亡くなった陸軍軍人の名が記されている＝丹波篠山市沢田

再建された大書院の威容を見上げつつ、三の丸広場を左折し、東堀を渡って住宅地を東進すると、丘陵を背に「吒枳尼天王《だきにてんおう》」の額を掲げた王地山まけきらい稲荷の鳥居に至る。南側に王地山公園や陶器所、河原町妻入商家群を控え、にぎやかなエリアなのだが、あえてそちらに背を向け、丘陵を北から東へ回り込むルートをとると、「忠霊参道」と書いた石標を右に控え、森の中にぽっかり開いている穴が見えてくる。この穴が旧陸軍墓地の参道入り口である。やや荒廃した雰囲気の旧参道

入り口から山道に入り、しばらく行くと急に左手の視界が開け、等間隔に20基あまりの墓標が並び立つ空間が出現する。

一番隅の墓に刻まれた文字を見ると、表に「故陸軍歩兵二等卒〇之墓」、裏に「大正九年十二月二十日」とある。実は旧参道入り口の右側に、戦時中、新しく戦没者3万人余を合祀する忠霊殿（現遺芳殿）が建てられている。これらの墓標は何らかの理由で合祀から漏れたのかもしれない。この空間の厳粛な雰囲気はまさしく「軍都」の形見を示しているのではないだろうか。

旧幕時代、六万石の譜代藩だった篠山は、維新後、陸軍を志向した。日露戦後の1908年には第四師団歩兵七〇連隊が誘致され、人口5千人の町に千人の歩兵が住むようになり、毎年、軍旗祭が盛大に行われ、篠山川対岸の港地区に京口遊廓が設けられるなど、一気に「軍都」としての色彩を帯びるに至る。30年代には東部の山間部で軍需産業に不可欠な珪石《けいせき》やマンガンの鉱山の採掘に、故郷を追われた朝鮮人が従事するようになる。その後、日中戦争がはじまると連隊は満州駐劄《ちゅうさつ》を命じられる。太平洋戦争に動員された篠山連隊の特設部隊・第一七〇連隊は、南洋で軍旗紛失の罪科で解隊を命じられ、多くの兵が帰還できなかった。45年、敗戦の結果陸軍は消滅し、篠山出身の本庄繁陸軍大将は自決した。とはいえ、苛烈で濃密だった過去が消えるわけではない。

三枝和子の短編「丹波夜能」は、熟年離婚を決意した中年のヒロインが旧城下の北端にある春日神社の能楽殿で「卒都婆小町」（老いた小町のこじき姿を通して、若かりし頃の彼女のあで姿をほうふつとさせる仕掛けを持つ）を見ているうち、自分と小町が一体化する錯覚を起こすさまが描かれている。そのような錯覚を起こさせるのは「深い山峡の町の、

丹波篠山市

1999年4月、篠山、西紀、丹南、今田からなる旧多紀郡の4町合併で篠山市が誕生。2019年5月、篠山市から「丹波篠山市」に市名変更した。丹波を市名に冠することについて前年に住民投票を実施した。

能舞台を囲う雨戸に付いた小窓から撮影すると、闇の中に鏡板の松が浮かび上がった＝丹波篠山市黒岡、春日神社

孔雀会館

1927年に地元の集会所として建設。戦後の45～49年まで朝鮮人学校として使われていた＝丹波篠山市立町

河原町妻入商家群

約600メートルにわたり江戸時代の町並みを色濃く残す。昨年、無電柱化も実現した＝丹波篠山市河原町

さらに深い闇の空間」だ。人は過去を忘れても、過去は人を忘れはしない。推理小説作家・内田康夫の晩年の小説「遺譜」もまた、篠山の神社で暮らす、亡霊のような旧軍人の老人の秘密をめぐる物語である。観光都市の歴史語りにおいても、「軍都」の記憶にしかるべき位置を与えること（戦争を肯定することではなく）が必要なのではないか。

（樋口大祐）

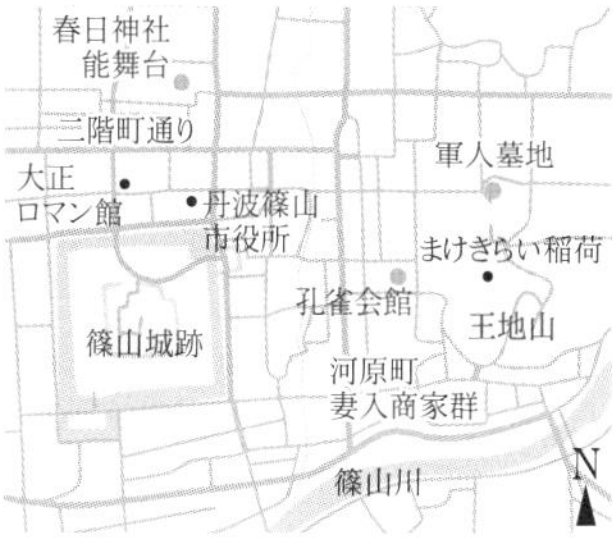

神戸・須磨

流離と陽光

在原行平、菅原道真、光源氏、平家一門。須磨は畿内と畿外の境界に位置する歌枕として、また、罪を得て都を追われた貴族たちの流離の場所として語り継がれてきた。それらの物語の多くは都で享受されたが、やがて現地からも伝承の発信がなされるようになる。1596年の大地震を契機に制作されたとされる「須磨寺参詣曼荼羅」には、漂泊芸能者や西国巡礼者の姿と共に、須磨を彩る多くの流離の物語が描かれている。そこには、中央から辺境に向けられた一方的なまなざしを切り返す、現地寺院のしたたかさを感じ取ることができる。

近代以降の須磨は、これら古典の記憶を伴いつつ保養地・行楽地として発展した。隣接する兵庫・長田のような工業化は生じず、海浜や須磨寺付近には富豪の別邸が立ち並び、社交場を形成した。しかしそれは新たな階級社会の成立であったのかもしれない。

須磨区の東端、西国街道の大田町交差点（付近に漫画家・横山光輝の少年時代の家があった）の北方に、アーケード付きの板宿本通商店街がある。山本周五郎の短編「陽気な客」は、酔客が亡くなった友人の生前の様子を回想する体裁の短編だが、その友人の宿は板宿にあった。「俺の頭には…詩が詰まっている」が口癖で、かつて有望な若手芸術家だった友

人は、現在は神戸の三文雑誌社に勤めるが、給料の大半が酒に消えてしまう。物語は、東京から元芸妓《げいぎ》だった女房が板宿まで会いに来た夜、雑誌社をクビになった彼が、女房に合わせる顔がなくて家の周りを彷徨《ほうこう》するさままで終わっている。酔った彼らがさまよう郊外の

須磨浦から塩屋に長い海岸線が続く。月の明かりが波打ち際に光跡を引く
＝神戸市垂水区塩屋町１から

夜道には「星あかりの暗がりからぼうっとほの白くコスモスの花がみえて」いた。…ここには後年の彼の小説に頻出する、泣き笑いに満ちた庶民生活が描かれている。

板宿から妙法寺川に沿って南下し、下中島公園の手前で右折して西国街道に入り、月見山、離宮前を経て須磨寺の参道南口に至る。参道を抜けて正門手前の太鼓橋を渡って右折すると、須磨寺公園と堂谷池に出る。横溝正史の探偵小説「悪魔が来りて笛を吹く」は、金田一探偵がここにあった旅館「三春園」で得た情報をもとに、ある子爵の子供世代の不義の子で、出入りの植木屋に投げ捨て同然にされた私生児が、自らの出生の秘密を知り、復讐を遂げるに至るさまを解明していく小説である。堂谷池付近には花街があり、船成金の豪邸もあった。この小説は戦災で焼け跡になった須磨の描写が印象的だが、神戸育ちの横溝は、戦前の上流社会の影の部分をよく知っていたのかもしれない。

須磨寺から千守道を南下し、三差路を右折してJR須磨駅前の中心街を過ぎると、道は海に沿った一本道となる。その途中、一の谷と敦盛塚にはさまれた地域に、かつて保養院と療病院があった。韓国併合が行われた二年後の1912年5月、親日派として活動していた韓国の政治家・李容九《イヨング》が須磨で病死した。亡くなる前、彼は見舞いに訪れたかつての同志・内田良平に対し「吾々《われわれ》は馬鹿でしたね、欺《だま》されましたよ」と呟《つぶや》いたといわれる。

帝国主義の残酷な現実の中で、こと志と異なって汚名を負い、孤独と流離の中で死に赴いた彼にとって、須磨の陽光が慰めになり得たかどうかはわからない。しかし、人生における癒やしや慰めを求めて須磨の海を想う人々の系譜は、今後も続いてゆくように思われる。

（樋口大祐）

堂谷池（大池）

大正時代は周囲に遊園地が広がり動物園も設置されていた。現在も池のほとりにホテルが営業、華やぎが感じられる＝神戸市須磨区須磨寺町3

すまうら文庫

7千冊以上の絵本、児童書を蔵する私設図書館。親子3代の利用者も。第1、3土曜の午後1～5時開館＝神戸市須磨区須磨浦通4

板宿本通商店街

小説「陽気な客」に登場する友人の宿があった板宿。アーケードから明るい光が漏れる＝神戸市須磨区平田町2、3

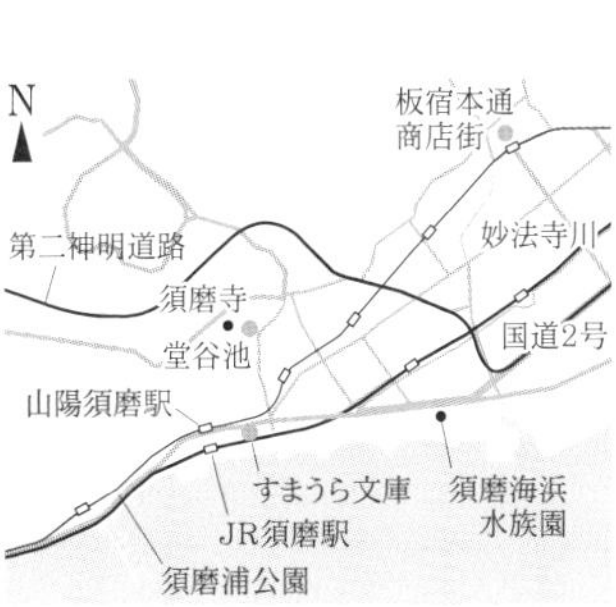

須磨

1889年の須磨浦療病院の開設以降、保養地・別荘地として発展。1920年、神戸市に編入。風光明媚な須磨海岸には海水浴場や水族館、須磨浦公園等がそろい、夏の思い出づくりの場所であり続けている。北部に須磨ニュータウンを擁する。

明石・玉津

海人の面影を求めて

古来、「明石」は今よりはるかに広域を指す地名だった。明石郡は神戸市垂水区と西区の全域を含んでおり、その中心は太寺から伊川谷・玉津にかけての丘陵地帯だったと思われる。

現在、ＪＲ明石駅から外堀に沿って県道52号を北上し、伊川を越えると西区玉津である。高津橋を渡り、第二神明道路を越えて右折した先には、健康福祉ゾーンがある。１９２０年代、この玉津にハンセン病治療のための明石第二楽生病院があった。この病院を切り盛りしていた女性・大野悦子をモデルに書かれたのが、賀川豊彦の小説「東雲は瞬く」である。彼女は地域住民に忌避された病院の周囲の土地を借り受け、自給自足の生活圏を作ろうとしたとされる。27年、野田勝太郎という青年が妻子と別れて入院してくる。彼の晩年の小説「高圧線」には、ここで人妻と関係をもったことに悩み、戸外の雑木林を彷徨《さまよ》い、刻々と変化する自然の壮麗さに圧倒される体験が

玉津健康福祉ゾーン付近の丘陵地には、野鳥が憩うため池や雑木林など、今なお荘厳な自然が残されている＝神戸市西区玉津町水谷

描かれている。

　1932年、病院は財政難のため閉鎖され、勝太郎は長島愛生園に入居後、失明・病死するが、日中戦争と同時期に一般募集された「新万葉集」に「明石海人」の筆名で入集《にっしゅう》していた。晩年の彼は療養所やジャーナリズムが期待する儀礼歌を量産する一方、別れた妻子をしのび、「断種」される新婚患者の嘆きを歌い、五感を失いゆく自己をユーモラスに詠み込んでいった。現在、明石で大野悦子や明石海人が語られることはほぼない。しかし、後者の筆名には「平家物語」を語った盲目の琵琶法師・明石覚一の記憶が揺曳《ようえい》している。そこには光と闇を往還する明石の物語の系譜が生き

中崎公会堂

海からの明るい光が窓から差し込む。中崎公会堂は地域の多目的ホールとして 1911（明治 44）年につくられた。こけら落としは夏目漱石の講演会だった＝明石市相生町 1

ているのではないだろうか。

駅前に戻り、城の東方、文化博物館を経て柿本神社の方角に「時の道」を歩くと、南側に山下町の文教地区が見えてくる。終戦時、ここに兵庫師範学校本科女子部があった。三枝和子の「その日の夏」は、8月15日から24日までの日記の体裁で、軍国少女だった女学生たちが、社会や自らへの不信、相互の友情や距離感を育みつつ、徐々に「戦後」を生き始めるさまを描いた小説である。学校の窓から眺める市街風景は、「国鉄の線路が境になり、それより南は一望の瓦礫《がれき》」で、「海は手でも掴《つか》めそうに近」く見えた。しかしある日、海沿いの岩屋神社まで足を延ばした主人公は、そこで「バラック建てのなかでうごめいている人たち」の生態を目の当たりにすることになる。そして24日、実家に帰る満員列車の中で、彼女は復員兵から性被害を受け、瞋《いか》りと悔しさに震えながら実家への道をたどり、妹との再会を果たす。
作者は「戦争体験小説を女の立場から」書くのに歳月が必要だったと回想している。ハンセン病患者の人権を踏みにじる強制隔離政策も、その廃絶まで気の遠くなる歳月が流れた。しかし、歴史は少しずつ前に進んでいるのであろう。明石市は近年、子育て支援に加えて、ＬＧＢＴＱ＋フレンドリープロジェクトを始めた。この動きが不可逆的なものであることを望みたい。

（樋口大祐）

明石

父親を雄略天皇に殺された億計王・弘計王は美嚢郡の志染に逃れ、雄略の死後、朝廷に復帰して相次いで即位した。…この『日本書紀』の伝承には「赤石」が登場し、明石郡・加古郡・印南郡・美嚢郡を包摂する「明石国」が存在したことの傍証とされる。明石郡衙（ぐんが）は伊川谷にあり、古代山陽道は海沿いではなく、須磨から伊川谷を経て大蔵谷に至っていた。

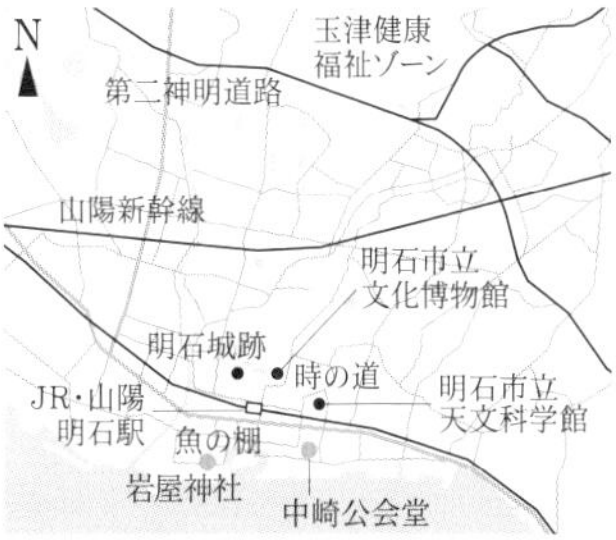

時の道

明石城跡から山陽電鉄人丸前駅まで続く遊歩道。沿道は閑静な寺社が並ぶ＝明石市人丸町

魚の棚商店街

約 400 年の歴史をもつとされる明石の顔。特産の海産物を中心に約 110 店が軒を連ねる＝明石市本町 1

淡路・洲本

至福の情景映す古い街

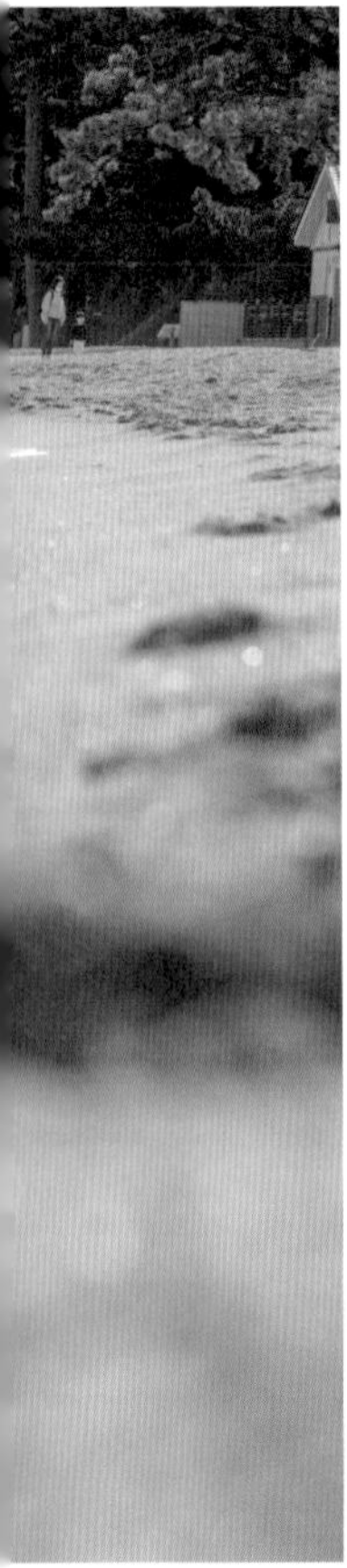

瀬戸内海に浮かぶ三角形の島・淡路島は、三つの頂点のそれぞれに港町（岩屋、洲本、福良）を擁し、明石海峡、紀淡海峡、鳴門海峡を介して本州・四国に接している。淡路の歴史は繰り返される人々の移動によって形作られてきた。近世以来の人形浄瑠璃も、近代以降の多くの作家たちも、外来者の要素をとどめている。「阿波路」の表記が象徴するように、この島はまさに交通空間として存在してきたといえる。

神姫バスで神戸・三宮から90分弱。リゾート化で変貌著しい北部を通過し、１９６０年代まで淡路鉄道の終点・洲本駅があったあたり、現在の洲本バスセンターで下車する。少し戻ると鐘紡第二工場を再生した洲本図書館や洲本アルチザンスクエアのれんが建築が印象的な景観を構成している。海岸通交差点の東側には旅館街（以前は遊廓だった）が控えている。県道76号を南下すると、「歓迎洲本温泉」の看板の後方に三熊山、その山頂に洲本城天

白い砂浜に松の緑が映える。旅館を訪れた観光客らは知らず知らず波とたわむれる＝洲本市海岸通1、大浜公園

守閣が小さく見え、左を見ると松林の大浜公園の向こうの青い海が視界に飛び込んでくる。

洲本で永眠した在日一世作家・鄭承博《チョンスンバク》の小説には、この大浜公園が登場する。「叫び」は6歳で失明した少女が、習い覚えた按摩《あんま》の技術で自活するため、母親の家を出てバスで洲本に至り、大浜公園に至る道を彷徨《ほうこう》するさまを描いた短編である。トラックの運転手に怒鳴られながら公園にたどり着いた彼女は、親切な老人からとある旅館を紹介され、生まれて初めて3千円を稼ぐことに成功する。千円札を握りしめて帰宅した彼女は、母親の「旅館の中で、見知らぬ男の体を揉《も》むなんて。この恥さらし」という悪罵《あくば》に、思わず「私にはこれしか生きる道がないのよ」と叫ぶ。洲本でバー経営の傍ら、戦時中の徴用体験とそこからの逃走生活を描いた芥川賞候補作「裸の捕虜」等、彼の小説には、ぎりぎりのところで生きる無名の男女の幸せへの願いが込められている。

大浜公園の南端を右折し、三熊山麓の道をしばらく行くと淡路島弁財天（厳島神社）につく。かつてここの秋祭りには見せ物や露店目当てに島外からも人々が押し寄せたという（弁天銀座や新開地には往年の華やかさの面影が残っている）。濠端通りを渡り、コモード56商店街のアーケード街を抜けると、千草川にかかる物部橋に出る。この一本北が常盤橋であり、その先の空き地が谷崎潤一郎の90年前の小説「蓼喰ふ虫」で主人公が人形浄瑠璃を見物した河原のあった場所だ。

妻との離婚問題を抱え、義父の若い愛人・お久の古風な姿に引かれている主人公は南国の「澄んだ海辺の空気の中で長いあいだ風雨に曝《さら》され」「ほっかりと明るく、花やかでありながら渋みがあ」る風情に癒やされる。「今から五十年も百年も前に、ちょうどこのお久のような女が、あの着物であの帯で、春の日なかを弁当包みを提げながら、矢張この路を河原の芝居へ通ったかも知れない」。野掛けの舞台を眺めつつ、色彩の万華鏡の中で、うっとりと夢幻境にたたずむ主人公の描写は忘れがたい。淡路・洲本の古い街は、至福の情景を現出する舞台として、今でもその光彩を放ち続けている。

（樋口大祐）

谷崎の作品の舞台に近い物部橋（左）付近の眺め。河原はコンクリートの護岸で囲まれていた＝洲本市物部1

旧鐘紡工場

明治末～昭和20年代にかけて関西紡績業の一翼を担った工場群跡。レトロなたたずまいを利用し現在は図書館やレストランなどに生まれ変わっている＝洲本市塩屋1

洲本市

1630年代、阿波蜂須賀藩の重臣稲田氏が由良から城下町ごと移転し、淡路の中心となる。明治維新の直後、阿波藩との対立により庚午事変（稲田騒動）が発生し、事後処理として500人を超える士族が北海道移住を命じられている（吉永小百合主演の映画「北の零年」、池澤夏樹の小説「静かな大地」等）。1940年市制施行、その後五色町と合併。

商店街のトーハチアトリエ

本町商店街の自宅をギャラリーに変え、作品制作や淡路の情報発信に取り組むアートディレクターの山田宗宏さん。見学は山田さんTEL 070・6571・6483まで＝洲本市本町8

西宮市の香櫨園浜は明治末から昭和40年まで海水浴客でにぎわった

「Cinema KOBE」は新開地の映画文化を今も守る

神戸・保久良神社の参道からは港の夜景が遠望できる

第三章

モダニズムの風景

第三章では、「戦前モダニズム文化」のイメージが色濃い阪神間（西宮・芦屋・東灘）および兵庫の各エリアで、モダニズムとその外部の線引きがどのように行われたのか、その内部で育った人々が自身の来歴をどのように省察したか、というテーマを追求した。モダニズムの個々の文化遺産以上に、その境界線の内外の関係性がその街の歴史を雄弁に物語っている場合がある。そして両者が交差してきた軌跡こそ、その街のかけがえのない宝物であるように思われる。

芦屋・宮川

阪神間Ｋｉｄｓの故郷

芦屋市は神戸と西宮のはざまの南北に細長い市域からなり、国際文化住宅都市として関西で最も富裕なイメージを有している。象徴的なランドスケープとして芦屋川の橋上に位置する阪神芦屋駅から六甲の山並みを北望する眺めが挙げられる。川べりには桜並木、右手にはカトリック教会の尖塔が見え、広い空の下、足元から延びる川と阪神国道、ＪＲ神戸線、阪急神戸線が直角に交差する構図はモダンで安定感がある。

しかし、市内を流れるのは芦屋川だけではない。市の東部にはもう一本、宮川が芦屋市霊園の入り口から南のシーサイドタウンまで流れている。近世においては、旧西国街道と宮川が交差する西国橋の付近に広がる旧打出村（在原業平の父・阿保親王の流離伝承を持ち、19世紀初頭の関西で信仰を集めた徳本上人名号塔も現存）の方が旧芦屋村よりも規模が大きかった。

１９２０年代以降、芦屋が富裕層の別荘地として開発されて以降も、打出には独特の文化空間が残った。例えば作家・谷崎潤一郎の芦屋市内唯一の旧居は宮川下流に近い打出の宮川町にある。ここで「源氏物語」の現代語訳に着手し、小説「猫と庄造と二人のをんな」（37年）を書いた。後者は旧国道沿いの荒物屋の跡取りで生活力のない庄造と離婚した妻、現在の妻の三人が、猫のリリーに振り回されるコミカルな物語で、今は消滅した旧国道沿いの下町の雰囲気(阪神打出駅前の商店街に僅かに残る)がよく出ている。

打出地域は村上春樹の中高時代の生活圏でもあった。明治時代建造、1930年移築の旧芦屋市立図書館の石造建築は謎めいた外観

汐凪橋の向こうに高層マンションが立つ。宮川の堤防(左)は高くなり水面は見下ろせない。大きな松の木がかつて海岸であった名残をとどめている=芦屋市呉川町

で、春樹の寓話「図書館奇譚《きたん》」（83年、「カンガルー日和」所収）を思わせる。主人公の少年が図書館の地下室で謎の老人に監禁され、羊男や口のきけない少女と知りあい、最後に脱出する話である。「いまここ」の時空と遠い世界とを結ぶ奇蹟の回廊としての図書館の役割は、小川洋子「ミーナの行進」（２００６年）でも発揮されている。芦屋に一年だけ住んだ少女は、司書のとっくりセーターの青年を通じて「眠れる美女」やアウシュビッツの写真集を借り、読後感を彼に話す。「何の本を読んだかは、どう生きたかの証明でもあるんや。これは、君のもの」。30年たった今も、別れに際して青年がくれた貸出カードは少女が芦屋で生きたことの存在証明であり続けている。

宮川は国道43号を渡り、春樹が住んでいた西蔵町を過ぎ、60年代まで海際の防波堤があった地点（汐凪橋）に至る。その先にはメタリックな高層マンション群が林立する風景が広がっている。春樹の短編「5月の海岸線」（「カンガルー日和」所収）で故郷を再訪した「僕」は、海を消し去ったその現実に衝撃を受け、「君たちは崩れ去るだろう」と不吉な空想にふけった。しかし、ここで生まれ育っ

芦屋の街並み

芦屋川の南部から六甲山を見上げるように眺めると、細長い市街が一望できる。住宅街は山の中腹まで広がり、阪神間モダニズムと表現される土地のたたずまいが伝わってくる＝阪神芦屋駅から

た人々にとっては、これこそが故郷の風景にほかならない。現在、防波堤の向こう側には、県立の国際高等学校・国際中等教育学校の校舎がある。変容する風景の中で、ここで学んだ多国籍の子どもたちが新たな社会のつくり手となってゆくことであろう。

（樋口大祐）

打出界隈

阪神打出駅から、南に国道43号までアーケードが延びる。市内では珍しく下町の市場を思わせる風景が続く。駅北側には壁面をツタがはう、古い石造りの旧芦屋市立図書館本館（現・打出分室）がある＝芦屋市打出町、若宮町

富田砕花（谷崎潤一郎）旧居

1934～36年まで谷崎が松子夫人、夫人姉妹と暮らした旧居が残る。谷崎が「猫と～」を執筆した門屋（右）と松は当時のもの。その後富田砕花が住んだ＝芦屋市宮川町

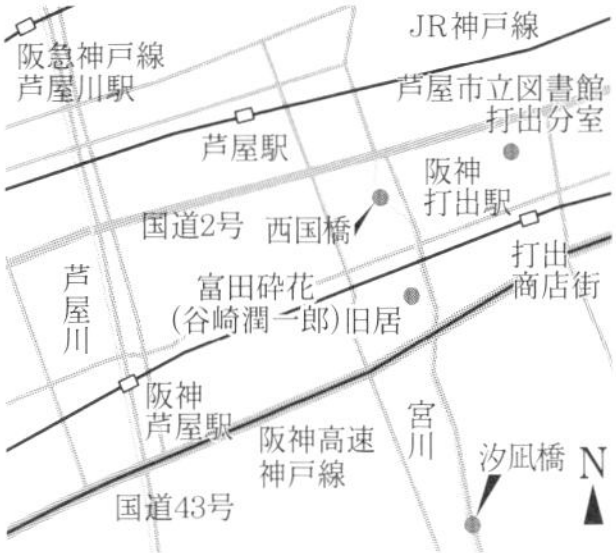

谷崎潤一郎と芦屋

「細雪」の蒔岡姉妹の家は「葦屋川の停留所までは七八丁」の場所に設定されているが、谷崎自身はその付近に住んだことはない。「細雪」に芦屋市内の情報が意外と希薄なのはそのせいであろう。とはいえ、彼は「卍」（1928年）でも、語り手の愛人・光子の家を阪急芦屋川の北方に設定している。「細雪」についても、当初「芦屋の不良マダムの話をもっといれる筈だった」が時世のため実現できなかったことを悔やんでいる。戦争がなければ、私たちは現行の「極く甘い物」ではない、一味違った「細雪」を読むことができたかもしれない。

旧村の風情今も

岡本、本山

山々に抱かれた夕映えの街

神戸市東灘区の阪急岡本駅から石畳の岡本坂を下りると数分でＪＲ摂津本山駅につく。「せっつ」という愛称で親しまれているが、「本山」は近代に新しく作られた名称だ。江戸時代、芦屋川と住吉川に挟まれた地域に中世の荘園（本荘、山路荘）に由来する十数カ村が存在した。明治以降、その中の森、岡本、野寄等八カ村が統合され、ルーツである二つの荘園名から一字ずつとって「本山」村を形成したのである。

芦屋と住吉、二つの別荘地のはざまに位置する本山村は、１９５０年に西側の神戸市に編入されるが、それ以前は東側の芦屋市への統合を望む「甲南市」構想等も存在していた。

村域は東西に長く、山側奥深くには「灘の一ツ火」で有名な保久良神社、大谷光瑞の「二楽荘」跡、ドイツ商人ヘルマンの屋敷跡等の名所を擁してい

本山地区を東西に貫く山手幹線の両側には店舗の入ったマンションやビルが立ち並ぶ。人々が行き交いにぎわう中、夕日が斜光線を投げかけた＝神戸市東灘区岡本1、本山北町3

灘の一ツ火

標高185メートルにある保久良神社の参道越しに輝く「灘の一ツ火」。古くから沖を航海する船の目印にされてきた。長く火を灯し続けたのは麓の住民たちだという＝神戸市東灘区本山町北畑る。山側やや手前の傾斜地には森稲荷、鷺宮（北畑）八幡、岡本八幡等、旧村ごとの鎮守や岡本梅林公園が配され、それらの膝元を東西に走る阪急、国鉄（JR）、阪神国道（国道2号）の沿線沿道に市街が発達した。

谷崎潤一郎「猫と庄造と二人のをんな」（37年）の後半、主人公の庄造は別れた妻に奪われた愛猫リリーに一目会うため、自転車で西に向かって走り続ける。「一直線につづいている国道の向うに、早くも晩秋の太陽が沈みかけていて、太い帯になった横流れの西日が、殆《ほとん》ど路面と平行に射《さ》している中を、人だの車だのがみんな半面に紅《あか》い色を浴びて、恐ろしく長い影を曳《ひ》きながら通る」。高層の建物が増えた今でも、夕暮れ時に本山の街路を西へ歩む人は、遥か向こうの地平線や建物の上に沈みゆく太陽から放たれる「横流れの西日」の直射を受け、人や車が「紅い色を浴びて」「長い影を曳」く光景を目の当たりにしたことがあるだろう。

庄造は森の公設市場を過ぎ、国道地蔵尊（32年に建てられた）の立っている小路の停留所前や田中の甲南市場前で知人と話し込む。「ずうと向うに阪急沿線の山々が、ついさっきまでは澄み切った空気の底にくっきりと襞《ひだ》を重ねていたのが、もう黄昏《たそがれ》の蒼い薄靄《うすもや》に包まれ」てゆくのを肌で感じる。山々に抱かれた市街の上に、いつかしっとりとした夜がやって来るのも、昔と変わらない本山風情であろう。

1938年の水害、45年の空襲、そして95年の阪神・淡路大震災は、地域に癒やしがたい傷を残した。かつて10近くあった市場も、震災の前後にほぼ消滅した。しかし、起伏の多い岡本駅周辺と、東西に開けた摂津本山駅をつなぎ、幾重にも交差するパサージュからなる岡本商店街は、甲南大学等の所在もあいまって若者が集散する魅力的な街に成長した

（最近は大手チェーンの進出が目立つが、まだまだ個性的な店が多い）。国道地蔵尊は再建され、甲南本通商店街も健在である。かつて工場が多かった国道以南にはマンション群が林立している。各所に公園が点在し、子どもたちの声が絶えない現在の岡本、本山は、神戸市内で数少ない、人口増加の街であり続けている。

（樋口大祐）

本山

本山村は1889年に誕生し、本庄村、魚崎村、住吉村、御影町で東灘５カ町村を構成。1950年に神戸市に編入された。阪急岡本駅が設置された20年時点の人口は計約４千人、現在は６万人。38年の大水害の惨状は谷崎潤一郎「細雪」が詳しい。阪神・淡路大震災では森南町、本山中町を中心に深刻な被害が生じた。摂津本山駅は35年に民家風の木造モルタル駅舎が設置されたが、2013年、現在の橋上駅舎にリニューアルされた。

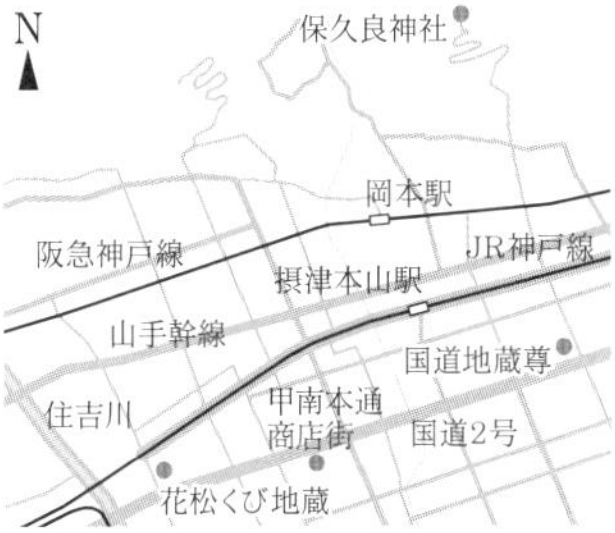

花松くび地蔵

1917（大正6）年に地域住民の手で建立された。もともと当地にあった花松地蔵と同様に、首から上の病気に霊験があるとされる＝神戸市東灘区田中町5

国道地蔵尊

「猫と庄造～」に登場する国道地蔵尊は1932（昭和7）年に建立された。95年の阪神・淡路大震災で倒れ、98年に地元住民たちの手で再建された。手前の石柱は当初からのもの＝神戸市東灘区本山中町4

兵庫津・柳原

花街のモダンガールと詩人

神戸市兵庫区に位置する「兵庫津」。15世紀には当時の文化的最先端だった禅宗寺院が立ち並び、18世紀には西回り航路の拠点として2万人が住んだ。幕末に開港したのは「神戸」でなく「兵庫」だったし、湊川を付け替えて新開地が作られたのは、ここが神戸と兵庫（当時「兵神」と呼ばれた）の中間だったからである。1910年代には、詩人の竹中郁、映画評論家の淀川長治等が少年期を過ごしている。

その後、兵庫は川崎、三菱等の大工場群に挟まれた「下町」に変貌する。南北に長い町は鉄道や国道に寸断され、45年の神戸大空襲で古い町並みは壊滅してしまう。しかし、賑わいの記憶が遠くなった今でも、過去の動線に沿って歩けば、失われた面影が甦る瞬間があるように思われる。

JR神戸駅の北口広場を左折し、新開地のチャップリン・ゲートの前を通過し、旧西国街道を南下する。JRの高架を潜ると視界が開け、湊町公園の広い通りに出る。その先の湊八幡神社の辺りに、兵庫の北の関所・湊口惣門があった。17世紀後半には惣門外の佐比江や東出町・西出町にも都市空間が広がっていたが、湊八幡には「迷い子のしるべ石」が置かれており、ターミナル的な地点だったことがわかる。

チャップリンの姿が影絵となりまちの入り口に立つ。映画の王国がここにあった＝兵庫区新開地6

湊八幡を越えて直進すると国道2号にぶつかり、左折して七宮神社の交差点まで戻ることを強いられる。広い道を南下すると、築島寺の交差点で新川運河に至り、イオンモールと兵庫津ミュージアムに接近する。運河に沿って右折すると、札ノ辻で西国街道に合流

兵庫大仏

歴史ある寺社や旧跡が並び立つ兵庫津で、ひときわの存在感を示す。戦前、境内には映画やのぞきからくりがありにぎわったという＝神戸市兵庫区北逆瀬川町、能福寺

する。街道はここでL字形に右折し、国道を越えて柳原蛭子《えびす》神社の角で西の関所・柳原惣門跡に至る。

淀川長治は花街・西柳原の芸妓置き屋で育ち、週数回、新開地で映画を見て成長した。姉富子は親が決めた結婚を拒否し、弟の命名による喫茶店「オリオン」を福原口で経営、ダンスに明け暮れ、自分に惚れ込んだ柳原の御曹司・池長孟《はじめ》の援助で美術品店「ラール・エヴァンタイユ」を開いた。竹中郁の回想によれば彼女は幼稚園の頃、同級の男の子数人を家に招き、「『あんた、何食べなはる』とてきぱきと誘い水をかけ」、既に「社交慣れした成熟した女」の器量を備えていたという。福原の店でやくざに絡まれたときは、ホースの水を相手にぶっかけて撃退している。弟にとっても、愛憎相半ばするこの姉こそ、「私に最もゆたかなものを教え」（自伝）てくれた人であった。

モダンガールを生んだ街は詩人とゆかりが深い。1940年の神戸詩人事件で弾圧された小林武雄や亜《あ》騎《き》保《たもつ》は兵庫で育った。兵庫大仏がある元市電通りは、西宮内・大仏前・清盛塚各商店街が連鎖し、兵庫運河を渡って和田岬に続くもう一つの目抜き通りだった。

大仏の境内では露店や見せ物が賑わい、運河のそばには新川遊廓があった。

詩人和田英子は「おおわだばし」という詩で「波うつ屋根のひさしに風呂帰りの女が髪をかきあげ」「夏のたび子供をさらったドブ色の運河」と詠っている。林喜芳、伊勢田史郎、季村敏夫等、都市の抵抗精神に根ざし、弾圧事件の記憶を掘り起こし続ける詩人たち。その活動は途切れることなく続いている。（樋口大祐）

淀川長治（1909～98年）

映画評論家。神戸・西柳原に生まれ、3歳頃から家族ぐるみで新開地に通いつめ、幼年時は「奇術」「芝居」「活動写真」特にヒロインが中心のサイレントの連続活劇に夢中になった。1918年に兵庫大仏の境内で体験した「のぞきからくり」と「トーキー」は生涯忘れえぬ記憶を形成した。米騒動の際は近くの福海寺に避難したが、大正末年になると柳原の花街は花隈に繁栄を奪われ、淀川家も傾くに至った。

福原口

淀川富子が女手だけで経営していた喫茶「オリオン」があったまち並み。長い年月を経て面影の大半は失われている＝神戸市兵庫区福原町

柳原蛭子神社

柳原蛭子神社の北西角には柳原惣門跡がある。大勢の芸妓を抱え、裕福だった淀川家はすぐ近くにあった＝神戸市兵庫区西柳原町

夙川、西宮北口

風景の外へ

阪神間の中核、西宮市。その発展は20世紀初頭、近世以来の都市空間に加えて、夙川沿いの隣接地域に、香櫨園（遊園地）、苦楽園（温泉）、甲陽園（映画撮影所）等の近代的な遊興空間が誕生したことが契機となっている。遊園地や映画撮影所は長続きしなかったものの、その後別荘地・住宅地として開発・分譲され、有産階級の私的生活空間として発展していった。

豊かで明るい消費・文化生活が展開されたが、それは大阪の経済力に依存したものであり、その自覚からくる無意識の不安と「外」に出ることへの衝動が、この地域で育った「阪神間少年」（村上春樹「辺境・近境」）・少女たちの隠れたテーマになっている。

阪急夙川駅を出て右手に延びる坂道を上がると、カトリック夙川教会の尖塔が見えてくる。戦時中、初代主任司祭のブスケ神父は殉教し、第三代主任司祭のメルシエ神父も憲兵に拘禁された。遠藤周作の「黄色い人」は彼ら外国人神父を意識し続けることを通じて、戦時体制に順応し続けたその他大勢の人々の自己欺瞞《ぎまん》を暴く試みである。同じく夙川で幼年時代を過ごした須賀敦子は、カトリック左派のイタリア人青年と結婚、死別後は廃品回収による貧民救済を志すエマウス運動にも積極的にコミットした。彼女の軌跡は、キリスト教やイタリア詩を養分として、家父長制とブルジョア社会から自立し続けるための苦闘であったようにも見える（「人生ほど、生きる疲れを癒やしてくれるものは、ない」＝ウンベルト・サバ、須賀敦子訳）。

教会から坂を下り、夙川を南下し、ほぼ直線的に流れる川沿いのよく整備された道を30分ほど歩くと香櫨園浜に出る。村上春樹「猫

新しいビルが林立する阪急西宮北口駅付近にも昔の風情を残す一角がある。居酒屋が並び、人々が路地を行き交う＝西宮市高松町

夙川河口に広がる御前浜。陽光を浴びた砂浜が人を引きつける＝西宮市西波止町

を棄《す》てる」には、父と一緒に香櫨園浜に猫を棄てに行った少年の日の思い出をきっかけとして、心に傷を負った父の戦争体験に踏み込んでいく記述がある。夙川と香櫨園浜は阪神間モダニズムという透明な「目隠し」の向こう側に触れる舞台装置であったのかもしれない。

　他方、市内東部の西宮北口は、関西最大級のショッピングモール「阪急西宮ガーデンズ」（旧阪急西宮球場）を擁する交通の要衝である。阪神・淡路大震災以降、街は大きく変貌したが、現東改札口に近い駅東南の路地は往時の雰囲気を留めている。かつて西宮球場は阪急球団の本拠地であると同時に競輪、博覧会等の興行地として西宮の戦後復興を支えた。増山実「勇者たちへの伝言」は、初老の主人公が、少年の頃に父親と野球を見に来た時の「駅から球場へと続く道」の記憶を媒介として、貧しく若かった父と在日の少女安子（路地の中の土建屋の二階に住み、競輪の屋台で

カトリック夙川教会

1921年に西宮に設立され、2年後に現在地に移転した。美しいステンドグラスや鐘の音が有名。県の景観形成重要建築物にも指定されている＝西宮市霞町

連絡通路

阪急西宮北口駅からショッピングモール「阪急西宮ガーデンズ」に延びる。人の行き交う風景は「年年歳歳花相似たり、歳歳年年人同じからず」の趣がある＝西宮市高松町

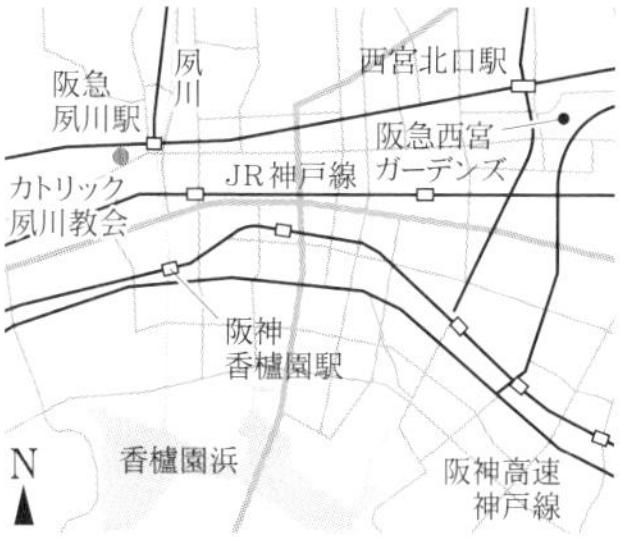

働いていた）の交流の過去をたどり直す物語である。安子は北朝鮮への帰還運動で日本を去るが、その直前、喫茶店の前で雨宿りしている時、直角に交差する線路を電車が渡る音をききながら「うちらの人生も、この線路みたいに、ほんの一瞬、この街で交わったんやね…」とつぶやく。ここには「目隠し」は存在しない。この街が今後も、異なる背景の人々が交差する街であり続けてほしいと思う。

（樋口大祐）

西宮

1925年市制施行。苦楽園や甲陽園、夙川以西の地域を含む旧大社村を33年、関西学院や神戸女学院等の上ケ原地区を含む旧甲東村を41年、旧西宮球場等の旧瓦木村を42年、阪神甲子園球場や旧阪神パーク（現ららぽーと）等の旧鳴尾村を51年に編入。文教住宅都市への歩みは市営競輪による莫大な収益が支えた。

南あわじ市の上田池ダム。重厚な
石積みに圧倒される

江戸時代にタイムスリップしたような
佐用町平福の家並み

福崎町・辻川区は古くからの
街道が交差する「十文字の街」

第四章

ふたたびの風景

大地を五感で感じたいとき、西へ向かう。加古川、市川、夢前川、揖保川、千種川。この地の豊穣の源は、播磨五川《ごせん》と播磨灘にある。春。澄んだ青空に白鷺城の白が映え、薄紅の桜の花弁が風に舞う。縦横に交わる街道をゆけば西に龍野、平福、北に福崎、生野…。多様なる兵庫。旧の国境《くにざかい》の文化のまじりあいを感じつつ、但馬で湯に浸かり、淡路では農の営みに触れたい。

醸造町の挑戦

たつの市龍野町

町並み再生 未来につなぐ

揖保川にかかる全長210メートルの龍野橋を渡ればふっと時空が変わる。川の西、川西地区は、緑濃い鶏籠《けいろう》山《ざん》の麓に広がる城下町だ。江戸時代、藩主脇坂家の下でつくられた町筋を今に伝える。武家屋敷、侍町、醤油蔵、

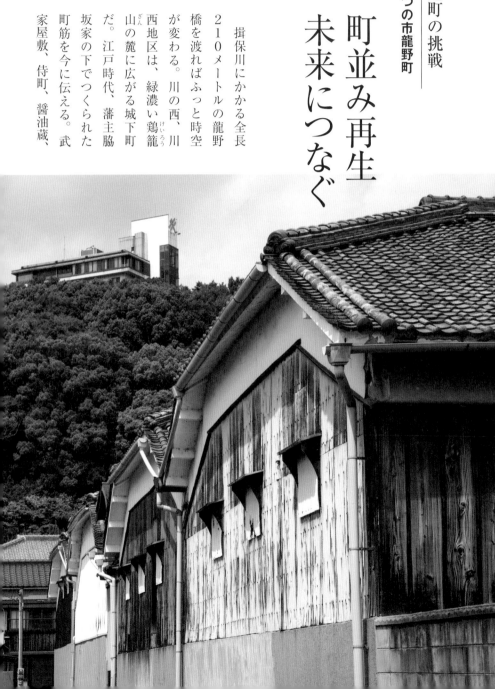

商家…。この「昔町」の町並みは高度成長やバブルの荒波にもまれることなく残ってきた。一方、川東には官公庁や企業、金融機関、スーパーが集まる。拡張する新市街地が昔町を守ってきたのだろう。

播磨の小京都・龍野。小京都というと観光客を意識した町が目立つが、この辺りは浮ついたところが見えない。淡口で有名な醤油、素麺の揖保乃糸、日本一の皮革産業といった地場産業が根付いているからだろう。「自然に恵まれ、醸造に適した土地。われわれは400年以上にわたって心を込めて生産してきた。それを次代に受け渡すのが使命」。ヒガシマル醤油会長で前龍野商工会議所会頭の浅井昌信(84)は語った。

四大産地は千葉・野田、銚子、香川・小豆島、兵庫・龍野。国内メーカーは1100社でうち大手5社で半分のシェアを占める。野田のキッコーマン、銚子のヤマサ醤油などに続くヒガシマルだが、淡口では断然トップ。それはひとえに揖保川の恵みによる。鉄分が高いと醤油の色が濃くなるが、揖保川は鉄分が極めて低い軟水で淡口に適していた。さらには佐用、宍粟の大豆、播州小麦、赤穂の塩、水運…と絶好の条件がそろっていた。いま龍野醤油協同組合にはメーカー7社が加盟。ヤマイ醤油、日本丸天醤油、ブンセン、坪田醤油醸造所、矢木醤油、末廣醤油、ヒガシマル醤油だ。伝統の技が和食の繊細な味わいを支えてきた。

「うすくちしょうゆの発祥地として醸造業で栄えた龍野城下の商家町」。文化庁のお墨付きに従えば龍野は「醸造町」「商家町」に区分される。国内の伝統的建物の保存地区は126カ所。産業と結びついた町にはその業態ならではの町並みがある。産地として一つの工場のように動き、職人や商人らが多数住む。富の蓄積によって個性豊かな建物が造られる。

町中にはところどころに古いなまこ壁の土蔵が並び立つ
たつの市龍野町日山

人口減と空き家増が続いてきたこの町にもう一度、命を吹き込もうとする動きが出てきた。NPO法人・ひとまちあーとは町屋や旧工場の再生に取り組み、店舗や交流拠点にしてきた。古い醤油蔵を劇場にする計画も進行中だ。「せっかくの町並みを内発的な力で再生したい」と代表理事（取材当時）の畑本康介（39）。目指すはビジネスとビオトープ（生物生息空間）を重ねた造語「ビズトープ」。壊すのではなく残す。保全して現代に蘇らせる方が革新的ということだろう。

昔町を逍遥《しょうよう》した後は龍野橋を渡って現代へ戻ろう。東詰めにレトロなカフェ「ガレリア・アーツ&ティー」がある。築80年超の元金融会社の建物を修復して1999年に開業した。2階の和室からみえる景色が素晴らしい。夜来の雨で水かさが増した揖保川の川音が響き、緑の鶏籠山が手に取るようだ。店主の井上美佳（62）はアートを生かしたまちづ

100年以上の歴史をもつ書店「伏見屋商店」。かつて売り場だった2階には木造の立派な本棚が残る＝たつの市龍野町上川原

くりに打ち込んで20年以上になる。美術、音楽、映像…。「町並みと芸術が自然と溶け合った町になれば」。市井のプロデューサーは過去と現在を往《ゆ》き来しつつ橋のたもとから未来を見つめる。

（加藤正文）

たつの市

2005年に龍野市、新宮町、揖保川町、御津町が合併して誕生。龍野城下は19年に重要伝統的建造物群保存地区（重伝建地区）に選定された。「赤とんぼ」の詩人三木露風、「人生論ノート」の哲学者三木清ら数々の文人を輩出。作家司馬遼太郎は「街道をゆく」で歩き、映画監督山田洋次はシリーズ屈指の名作とされる「男はつらいよ　寅次郎夕焼け小焼け」（1976年）を撮った。

鶏籠山

龍野橋のたもとにあるカフェ「ガレリア・アーツ&ティー」（右）と川向こうにたたずむ鶏籠山＝たつの市龍野町富永

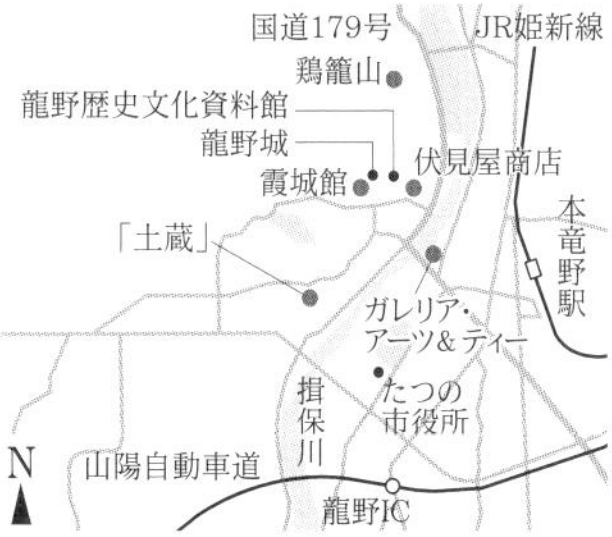

揖保川の手前に広がる旧市街。向かいの茶色い建物はヒガシマル醤油第1工場＝たつの市龍野町北龍野の野見宿禰神社から

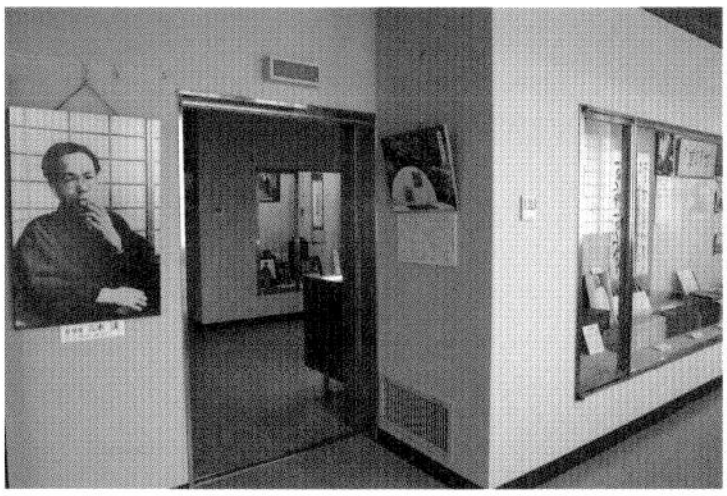

霞城館

霞城館には三木清、三木露風、内海信之ら地元ゆかりの文化人の豊富な資料が展示されている＝たつの市龍野町上霞城

養父市大屋町

近代化の扉開いた〝絹の道〟

2021年秋の夕暮れ、5年ぶりに上垣守《うえがきもり》国《くに》（1753〜1808年）の墓所に参った。養父市大屋町蔵垣。生い茂る草に覆われていたが、墓石の側面に刻まれた事績は読み取れた。「不遠千里往来」。千里の往来も遠しとせず…。養蚕の父とされる江戸期の大研究者にはこの賛辞がふさわしい。各地を訪ね歩いて技術改良に打ち込んだ成果は名著「養蚕秘録」に結実し、翻訳されて海を超えて広まった。

上垣を生んだ大屋地域を歩く。あちこちに3階建ての養蚕農家建築がある。美しい黄土色の土壁、シャープな開口部のデザイン。日本的というよりもブータンやチベットなどの農村の情景を想像させる。切り妻造りの瓦葺き屋根、抜気、掃き出し窓。本卯建《うだつ》や袖卯建も見える。1階は生活の場、2、3階は養蚕場。室内温度を調整しつつ風通しをよくして成育に適した環境を保つ。中に入ってほの暗い内

蚕を育てた養蚕農家の3階部分。床は板を渡しただけの簡素な構造。窓を閉め切ると隙間から光が漏れる＝養父市大屋町大杉、ふるさと交流の家「いろり」

立ち並ぶ3階建て養蚕農家住宅が養蚕業の栄華を伝える。宿泊所やギャラリーを営む家屋も。一帯は2017年に国の重要伝統的建造物群保存地区に選定された＝養父市大屋町大杉

部に目を凝らすと、蚕とともにあった暮らしが像を結んだ。

国の重要伝統的建造物群保存地区に選ばれたのが同町大杉地区だ。伝統的建造物群を守る会会長の河辺巧（71）、事務局長補佐の河辺操（72）は「子どもの頃、口を紫色にして桑の実を食べた」。3階建ての養蚕農家は同市内で５００軒近くある。「これほどの規模で現存し、集落景観を形成しているところは全国に例をみない」と同市教育委員会文化財専門員谷本進（63）。これは但馬が日本を代表する養蚕地帯だったことの証しにほかならない。

養蚕と製糸。近代化の扉を開いた産業の原点だ。２０１４年に世界遺産となった群馬県の富岡製糸場（１８７２年設立）が有名だが、この群馬と但馬には長い産地間交流の歴史がある。製糸場開業から2年たった74年。但馬の女性約20人が富岡に派遣され、技術を学んだ。93年から１９０８年にかけて群馬の養蚕技術の教育機関から40人の指導員が養父に来ている。

但馬は有数の産地になり、製糸工場が相次いで生まれた。京都府綾部市で起業した郡是製糸（現グンゼ）が中小の工場群を買収し、郡是と片倉製糸（現片倉工業）に収斂《しゅうれん》された。

ＪＲ八鹿駅近くには旧グンゼ八鹿工場事務所棟がある。２０２１年9月、工場跡地に新文化会館ができた。ここに工場棟や繭倉庫、食堂兼講堂などがあった。東の群馬、西の但馬と並び称された養蚕から製糸に至る「絹産業遺産群」だったのだ。

同町蔵垣のかいこの里交流施設では実際に蚕を飼育している。桑の葉を食べる、孵化したばかりの幼虫を見ていると、神戸のＫＩＩＴＯ（デザイン・クリエイティブセンター神戸）で見た光景が浮かんだ。建物の入り口に蚕をモチーフにしたテラコッタがある。

生糸は外貨獲得の輸出品となり、養蚕と製

糸は重要産業となった。昭和初期には農家の約4割が養蚕に従事し、日本の繭生産量はこの頃、ピークに達した。生糸は神戸港や横浜港から輸出され、殖産興業をリードした。神戸ゆかりの老舗企業、神栄、神戸生《き》絲《いと》、三共生興は絹関連事業で創業の原点を刻む。養父の上垣守国が開いた絹の道は往時の輝きを内に秘めて鈍い光沢を放っている。（加藤正文）

かいこの里交流施設

上垣守国の出生地を示す県道沿いのモニュメント。近くには、かいこの里交流施設、昭和初期の養蚕住宅を復元した上垣守国養蚕記念館（月・火休み）、守国の眠る墓がある＝養父市大屋町蔵垣

上垣守国と「養蚕秘録」

1803（享和3）年、上垣守国は群馬や福島の事情を調査して「養蚕秘録」を刊行。この実践書を長崎に赴任していたシーボルトが持ち出し、オランダ国王に献上した。秘録は翻訳され、仏・伊で出版された。日本の技術輸出第1号とされる。「青い目の養蚕秘録」（伊藤芳樹著）に詳しい。

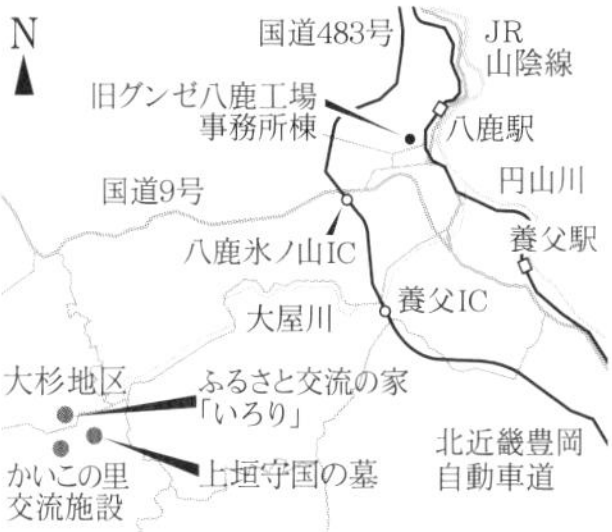

デザイン・クリエイティブセンター神戸

愛称はKIITO（キイト）。旧生糸検査所をリニューアルしてデザイン都市神戸の拠点に整備。市民の交流機能もそろう。本館入り口には蚕をデザインしたテラコッタがある＝神戸市中央区小野浜町

明石・人丸前

海峡に宿る歌聖の情念

60年に1度だけ開帳されるという秘仏が明石・人丸山の月照寺にある。万葉を代表する歌聖、柿本人麻呂が持統天皇から贈られたという念持仏、海上波切船乗十一面観世音菩薩だ。

「阪神・淡路大震災で本堂や山門はほぼ全壊したのですが、観音堂の中の厨子《ずし》はびくとも

しませんでした」と住職の間瀬和人（57）。人麻呂は生没年不詳だが、1973（昭和48）年に1250年祭が営まれている。これに沿うと2023年は1300年。住職によるとこの年の開帳を検討しているそうだ。波を切る船に乗った高さ1・7メートルの観音立像を拝めば、人麻呂が歌に込めた情念の一端が感じ取れるだろうか。

　歌聖の生涯は謎に包まれている。賀茂真淵や斎藤茂吉らの研究を超えて常識や通説に挑んだ衝撃作が哲学者梅原猛の「水底《みなそこ》の歌」（1973年）だ。人麻呂は流罪となり刑死したと指摘し、「わたくしの目には、藻くずをいっぱい身にまとって、石見国の海の水底深く沈んだ人麿の姿が見えたのである」（「万葉を考える」）。

　山陽電鉄人丸前駅を出て緩やかな坂を進むと桜の木に囲まれた急な石段が現れる。上り切ると目に入るのは天文科学館と柿本神社と月照寺だ。ここへ来るといつも「ほのぼのと」が口をついて出る。明かし、明石にかかる枕詞《まくらことば》だ。夜がわずかに明ける頃の海峡の美しさに、いにしえの人々も心を震わせたことだろう。

ほのぼのと　明石の浦の朝霧に
島隠れゆく　舟をしぞ思う

　古今和歌集の注には「ある人のいはく、柿本の人麿がうたなり」。明石海峡は淡路島が迫り、水門になっている。東は静かな大阪湾、

超望遠レンズでのぞくと明石海峡付近の海面は盛り上がって見える。天文科学館は灯台のようだ＝淡路市富島から

人丸山上に並ぶ柿本神社（右）と月照寺。境内からは明石海峡や大橋が一望できる＝明石市人丸町の天文科学館展望室より

西は播磨灘。「古代の宮廷人にとって、それは畿内と畿外の境、極楽と地獄の境であった」。梅原解釈では流人舟を見送る哀切の歌となる。

ここ人丸山の月照寺に海難除けの観音像があるのも意味深長だ。寺伝によると起源は811（弘仁2）年、空海が現在の明石城跡に創建した楊柳寺だ。887（仁和3）年、覚証和尚が一夜、人麻呂の霊夢を見、大和の柿本山広安寺から観音像を勧請《かんじょう》した。寺号も月照寺に改めた。水死かどうかは不明にしても観音像は鎮魂のために安置されたと思えてくる。

人麻呂信仰は海難除けだけではない。歌聖を祀る寺社は全国に70以上。明石の柿本神社の宮司岩林誠（74）は人丸の語呂合わせを挙げた。「人生まれるで安産。火止まるで防火、ヒット生まれるで芸能・スポーツ」。歌人が神となり、千年の時を超えて信仰を集め続ける。名歌の生命力というほかない。

燈火《ともしび》の　明石大門に　入らむ日や
漕ぎ別れなむ　家のあたり見ず

「燈火の」は燈火が明るい意から明石の枕詞になっている。万葉の時代、漁師たちの操る小舟の漁火《いさりび》が波間にきらめいた。都で交わった人々、妻と暮らした日々…。別離の思いが詩人の胸を満たす。「たぐい稀なる歌」と斎藤茂吉は激賞した。「一首の声調は人麿一流の波動を打たせたもので、『入らむ日や』といって、『漕ぎ別れなむ』と続け、ラムとナムと二つ云っているのなども人麿的な大きい調子である」

大蔵海岸に立つ。澄んだ空気が暮色に染まる中、大和の方向が霞みゆき、対岸の淡路島の家々に明かりがともり始めた。（加藤正文）

柿本神社と月照寺

柿本神社は「人丸さん」と親しまれる。皇室や歴代明石藩主の崇敬があつく、後桜町天皇と仁孝天皇の自筆文書が伝わる。春と秋に和歌を奉納し、上達を祈願する献詠祭がある。月照寺の山門は明石市指定文化財。境内の紅梅は八房の梅と呼ばれ、四十七士の１人、間瀬久太夫が大石内蔵助とともに訪れ、あだ討ちの成就を祈願して植えたとされる。

海上波切船乗十一面観世音菩薩

お前立ちの背後の厨子に秘仏として安置されている。波を切る船に乗った観音立像。「明石における人麿社の起源」（「月照寺寺伝」）とされる＝明石市人丸町

名水「亀の水」

人丸山の西参道入り口にある。同山に染みこんだ水が、カメ形の樋水（ひすい）口から出ている。かつては「長寿の水」ともいわれていた＝明石市人丸町

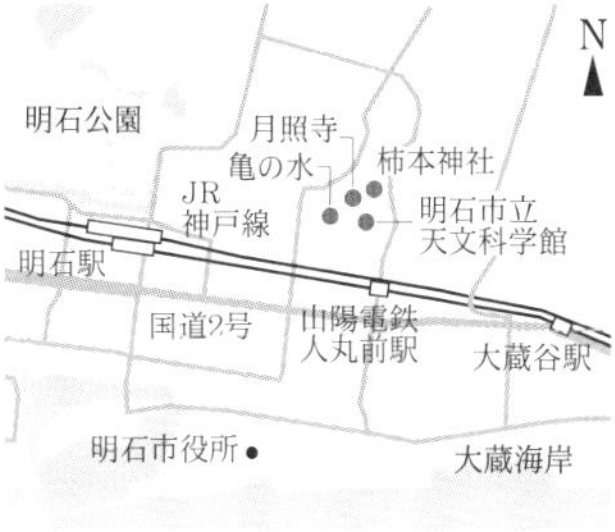

ホールふたたび

アクリエひめじ

文化の響き　市民の力で

3層バルコニー形式の大ホールには兵庫県内最大級の2010席がそろう。姫路市文化コンベンションセンター「アクリエひめじ」の威容に目を見張った。総事業費約400億円は2005年にできた県立芸術文化センター（西宮市）の倍の事業規模だ。「21世紀の築城」。計画立案から推進した前市長石見《いわみ》利勝（80）の力の入った言葉が思いだされた。

JRの高架沿いに東へ屋根付き通路を進み、ホテル、映画館を備えた商業施設、専門学校を通り過ぎる。播但線の高架をくぐってようやく入り口だ。

姫路市神屋町。このエリアは

アクリエひめじ

平成初期まで車両基地などの鉄道施設が集まっていた場所を再開発し、建設された姫路市文化コンベンションセンター「アクリエひめじ」。神殿を思わせる1階部分の広場にクリスマスツリーが飾られていた＝姫路市神屋町、2023年撮影

まちづくりの重要な焦点になってきた。話は石見が初当選した2003（平成15）年の市長選にさかのぼる。JRの高架化などで生じる空き地の活用が争点になり、石見は現職堀川和洋（故人）が計画した「多目的ドーム系ホール」の計画見直しを公約に掲げて当選した。その後、市は周辺を交流や創造活動のイベントゾーンに位置付けた。それを基に手柄地区の市文化センターに代わる施設として今のア

クリエが構想された。

手柄というと都市の青春の響きがある。初代公選市長の石見元秀（利勝の父、１９００～76年）は焦土と化した市街地で幅50メートルの駅前道路を敷いた。駅から南西に約１・５キロ離れた標高49・３メートルの手柄山に文化・スポーツ施設を整備し、大博覧会、モノレール…と次々と斬新なアイデアを形にした。１９７２（昭和47）年完成の文化センターはその一つだった。宇宙基地のような近未来的な外観だが、内部は不思議な温かみがあった。半世紀をへて２０２１年12月28日に閉館となった。「利便性が高まる」「現在地で建て替えを」などの賛否を超えて文化ホール機能は元秀の手柄地区から息子利勝が推進した駅周辺へ移った。

同年12月19日、アクリエにベートーベン交響曲第９番の歓喜の歌が響いた。１５０人の姫路第九合唱団の公演は45回目。20年、コロナ禍で中止されたことに加え、舞台が記念すべき新施設とあってひときわ気合が入っていた。

姫路第九のスタートは１９７２年。文化センターの完成記念だった。３００人の大合唱。客席は通路に新聞紙を敷いて座る人が出るほどの熱気に主催の姫路労音のメンバーは感動し、以降、ほぼ毎年の公演を手作りで重ねた。長年出演し続ける福井孝幹（72、元姫路市平和資料館館長）は「市民文化の殿堂だった文化センターには深い愛着がある。とはいえアクリエができた以上、このホールを育てていきたい」

いま再び文化ホールの時代だ。兵庫県内でも２０２１年５月、西脇市に交流施設オリナス（ホール６０２席）が完成。９月１日のアクリエに続いて同14日は養父市にやぶ市民交流広場（同６５１席）が開館。22年秋には神戸・西神中央になでしこ芸術文化センター（同５００席）が生まれた。文化は市民が創造するものだが、支援する自治体の文化行政の役割も大きい。

〽オー　フロインデ　ニヒト　ディーゼ　テェーネ（おお友よ、この調べではない！）

アクリエでの歓喜の歌の冒頭のソロは姫路出身の気鋭のバリトン歌手池内響《ひびき》（33）だ。ホール全体が鳴る若々しい歌声。もっと快い、喜びに満ちた調べに、ともに声を合わせよう―。

バブル期の箱モノ主義は今は昔。富や人口ではなく、住み心地のよさで都市の格が決まる時代だ。市民が声を合わせてホールという新しい容器を喜びで満たすことができるか。

（加藤正文）

アクリエひめじ

姫路市神屋町。地下１階、地上５階。大ホール（2010席）、中ホール（693席）、小ホール（164席）、メインスタジオ（リハーサル室）など。コンベンション機能も備え、展示場は約４千平方メートル。名称の意味は架け橋（アーク）と創造（クリエーション）から

連絡通路

ＪＲ姫路駅からアクリエひめじに通じる連絡通路。映画館の入った商業施設やホテルなどを通り過ぎ、播但線の高架もくぐる＝姫路市駅前町

姫路市文化センター

1972年から半世紀にわたって播磨文化をけん引した＝姫路市西延末、2021年撮影

但馬・湯村温泉

山あいにたぎる大地の恵み

「湯村は生活に溶け込んだ温泉地」と老舗旅館「井づつや」の社長丸上宗慈《そうじ》（45）が話す。約100度と国内屈指の高温泉で泉源は60以上もある。湧出量は1分間に2300リットル。まさに湯水のごとく湧いている。古来、野菜を湯がき、洗濯し、和紙をさらし、雪を溶かしてきた。旅館はもとより一般家庭にも配湯しており、蛇口をひねればお湯が出る。旅館の冷暖房にも使う。

「おんせん天国室」という部署が新温泉町役場にある。斬新なネーミングに驚く。2019年の発足時から室長を務める福井崇弘（52）は「温泉がもたらす健康と観光。要は幸せに暮らせる土地にということです」。今でいうシビックプライド（地域に対する市民の誇り）になるのだろうが、突き抜けた響きが心地

高台の清正公園から温泉街を見下ろすと、屋根に雪を乗せた民家が身を寄せ合うように並んでいた＝いずれも新温泉町湯

よい。それを先取りしたような近世の文書を温泉町史が紹介している。「蒸気さかんで雲海のごとし」「人家は冬でも寝衣を用いず」「麻、楮、布、綿を蒸す」「郷人貴賤《きせん》なく朝夕に浴して汚れを知らず」。これぞ理想郷といえるだろう。

「下を走っているのが湯村断層と照来《てらぎ》断層。亀裂は広くて深い」とは旅館「朝野家」社長の朝野泰昌(65)。数々の泉源の分布に沿って形成された歩きやすい町並み。千年以上前から自噴する大地の恵みの産物なのだ。

「行動心理学では、ぶらぶら歩きには半径400メー

荒湯

春来川のほとりに湧く荒湯。湯つぼで卵や野菜をゆでる人が引きも切らない。夢千代日記にも登場した

トルが最適。荒湯を中心にした湯村温泉もこれにあてはまる」

「温泉科学」という学会誌に興味深い論文を見つけた。「山陰地方における花崗岩割れ目系の深部水循環による高温温泉水の形成」（2014年、北岡豪一ら5人）。鳥取県から兵庫県北部に至るエリアは「非火山地域」だが、高温泉が直線上に並ぶ。三朝、羽合、東郷、鹿野、岩井、湯村、城崎…。論文は微小地震の震源分布を踏まえ、主断層とそれに関連する割れ目系に着目。「中国山地で割れ目系に入った天水が深部を経由し主断層に沿って湧昇する過程」を指摘している。

さて町を巡ろう。湯村というと早坂暁原作・脚本のドラマ「夢千代日記」のイメージが鮮烈だ。2021年で放映40周年。劇中では「湯の里温泉」だったが、早坂によると「山陰但馬の湯村温泉のことで、手の平に乗るほどのつましい温泉町である」。原爆症を患う芸者夢千代を取り巻く人々の物語。夢千代役の吉永小百合の迫真の演技が悲しく切ない。シナリオは冒頭から情感たっぷりだ。

〈どんより鉛色に曇った空の下、山あいから列車が抜け出てくる。

女の声「あんなに表日本は晴れていたのに、山を抜けたら一ぺんに鉛色の空になっている」〉

凍《い》てつく夜。中心を流れる春来《はるき》川の縁には雪が積もり、荒湯の周りには湯気が立ち上る。夜の闇、雪と湯気の白、夢千代の悲哀、カニと地酒…。幾重にも増幅される旅情は湯村ならではだろう。

荒湯の対岸の高台にある正福寺へ。平安時代の高僧で延暦寺三世座主、慈覚大師円仁（794〜864年）創建と伝わる古刹だ。大師は川の中に温泉が湧くことを村人に伝え、利用するように告げたとされる。本堂には江戸期の作という慈覚大師の座像がある。地底から湧く熱きお湯はこれからも天国のように人々を温め続けるだろう。

（加藤正文）

兵庫の温泉

兵庫は城崎、有馬、湯村、塩田、洲本など有名温泉がそろう国内屈指の「温泉県」だ。環境省によると温泉地は81で源泉数は443。2019年度の宿泊利用人員は487万2700人で西日本では由布院で有名な大分県に次ぐ。

湯村温泉劇場跡

看板と骨組みが残されている劇場跡。簡素な文字が旅情をかき立てる

夢千代像

吉永小百合さんがモデル。台座には広島市旧庁舎に使われていた被爆当時の敷石を用いている

佐用・平福

文化溶けあう境界の魅力

　山陽線上郡と因美線智頭《ちず》を結ぶ智頭線は計56・1キロ、計14駅の短い路線だが、兵庫（播磨）、岡山（美作《みまさか》）、鳥取（因幡《いなば》）の3県を結ぶ、まさに現代の因幡街道だ。1892（明治25）年から1世紀に及ぶ建設運動を経て1994年12月に開業した。それから27年。京阪神と鳥取を最速で走る看板特急「スーパーはくと」に乗ると、山陽線と因美線をつないだこの鉄路によって大いなるミッシングリンク（失われた環《わ》）が解消されたことが分かる。

　上郡駅から1両編成の普通列車に乗り込む。苔縄《こけなわ》駅（上郡町）、河野原円心《こうのはらえんしん》駅（同）と千種川沿いを北上する。久崎《くざき》駅（佐用町）付近で千種川と佐用川が合流。佐用駅を過ぎると目指す平福に着く。

　五月晴れを背景にした新緑の利神山《りかんざん》（標高373メートル）は輝くばかりの

川端に風情のある土蔵が並ぶ。1810年建築の登録有形文化財「瓜生原（うりゅうばら）家住宅」はそばなどが味わえる=いずれも兵庫県佐用町平福

美しさだ。山峡を流れる佐用川沿いに家々が連なる。江戸期、鳥取から播磨を結ぶ因幡街道の宿場町として栄えた。町の中央には鳥取池田藩の本陣の跡。見上げると、登れば1時間半はかかる頂上の国指定史跡利神城跡の石垣が手に取るようだ。別名、雲《くも》突《つき》城。三重の天守が雲を突くばかりだった往時の威容に街道をゆく

旅人たちは仰天したことだろう。薫風に誘われて土壁と石垣の川端に下りると魚影が縦横に走る。

　鳥取まで71キロ、姫路まで49キロ。因幡、美作、播磨。平福には文化が混じり合う風情がにじむ。町屋の意匠には播州系と作州系がある。播州系は越屋根、出格子、平格子、蔀《ぶっ》帳《ちょう》。作州系は帆立《ほたて》、袖卯建《そでうだつ》、なまこ壁、細格子。作州系の町屋を改修した宿を見つけた。「ＮＩＰＰＯＮＩＡ（ニッポニア）平福宿場町」。前には酒蔵を改修したレストラン「ＫＵＭＯＴＳＵＫＩ」（くもつき）と和菓子店「重次郎平福茶房」。雲突城にちなんだ名称がいい。「小さいけどきらりと光る町でありたい」。地元生まれの佐用山城ガイド協会会長の春名政男（72）は言う。

　祖父の代まで姫路にいた作家司馬遼太郎は西播磨に来ると境界にある文化の混じり合いを鋭敏に感じ取った。播磨から美作に入ると古代製鉄で栄えた「吉備文化圏」。鉄の発見は文明を飛躍させた。「山のむこうの鳥取県（因幡・伯耆《ほうき》）も、出雲文化圏に属して、なにやら独特のふんいきをもっていた」（「街道をゆく」）

　辺境、近境。その魅力を現代で体現しているのは智頭急行だろう。列車はいくつものトンネルをくぐって中国山脈を抜け、鳥取県の智頭駅へ。ここに智頭急行の本社がある。第三セクターの優等生と呼ばれ、スーパーはくとの効果で22年連続で黒字を重ねた。しかしコロナ禍には勝てず、２０２０年度は赤字に転落、21年度も厳しい。社長の城平守朗《じょうひらもりあき》（65）は「厳しいコロナ禍だったが、ようやく回復傾向にある」と話した。

　林業地で知られる智頭町は古来、奈良・吉野、京都・北山に並び称された。人口６５００人弱、面積の93％が山林だ。この山あいの町に、いかりスーパーマーケットがある。「いかり楽粋《らくすい》智頭店」。いかりといえば阪神間でおなじみの高級スーパーだ。尼崎・塚口に本店を置き、芦屋、西宮、宝塚、神戸…。なぜはるか離れたこの地に？　聞けば、うまい豆腐を生む条件を探った結果、たどりついたのが智頭町の清冽《せいれつ》な天然水だった。工場を置き、極上の豆腐を作り、いかりに運んでいるうちに系列店誕生に至ったという。智頭線の終点で見つけた「阪神」。街道をゆく旅の最後にふさわしい。

（加藤正文）

平福の古い町並みを背景に走る智頭急行の「スーパーはくと」。ＪＲ西日本の路線を経由し京都ー鳥取・倉吉間を結ぶ

標高 373 メートルの利神城跡の天守丸（中央上）まで約１時間半かけて登るツアーが人気を集める。参加は専用サイト（https://sayoyamajiro.wordpress.com/ ）から

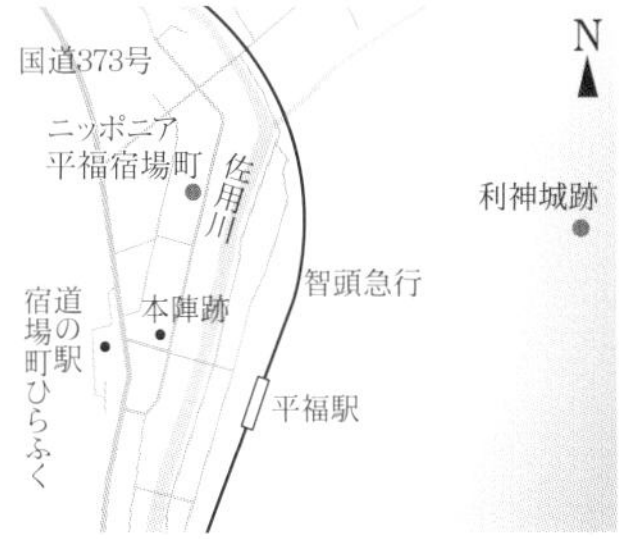

智頭急行

2022 年度の輸送人員は特急（スーパーはくと、いなば）が前年度比 1.5 倍の 56 万 5895 人。例年、特急が業績をけん引してきたが、コロナ禍後の需要回復が寄与した。普通は同 6.9％増の 19 万 8715 人。経常損益は 9400 万円の赤字。

姫路・五軒邸、お城本町

多層をなす境界空間

今の姫路でもっともにぎやかなエリアは、JR姫路駅北側の、大手前通りの左右に広がる商店街の区域だろう。ショッピングモールだけではなく、例えば御幸通りの路地裏の境界空間には屋台や飲み屋が連なり、祝祭的な雰囲気が生まれている。

もとより長い歴史を持つ姫路市街には、多様な境界が存在した。16世紀、山陽道（西国街道）沿いの国衙《こくが》（国府／府中とも。古代以来の播磨国衙の跡地。総社・国府寺町付近）や但馬道沿いの野里には町場が存在した。16世紀後半、豊臣政権時代の姫路城は喜斎門《きさいもん》から久長門《きゅうちょうもん》に至る東向きの道を幹線としたとされるが、17世紀初頭、池田輝政は南向きに現在の姫路城を築き、周囲に惣構（内堀・中堀・外堀）を巡らせた。東側では竹之門《たけのもん》と外京《そときょう》口門《ぐちもん》をつなぐラインに外堀を設け、その結果当地は分断され、鋳物師町（現京口町）等が

姫路の詩人やアーティストのサロンとなっているブックカフェギャラリーの「クワイエットホリデー」＝姫路市本町

城外に位置付けられることになる。

現在、喜斎門から東向きに姫山公園を抜け、久長門で中堀を渡ると、落ち着いた街並みの五軒邸《ごけんやしき》に至る。この五軒邸の一角にエドウィン・ベイカーが1890(明治23)年に創始した認定こども園ベイカがある。彼は外堀川対岸(旧城外)の貧窮地域の子供たちのために幼稚園を開設し、私財を投じて五国橋を架けた。20世紀、外堀の東側には日本モスリン(戦時中は川西航空機が接収)や山陽皮革等の工場群が進出した。戦後、工場群の北方、二本松の在日コリアンの集住地で育った子供たちは、今の姫路東高校敷地にあった朝鮮学校(後に旧竹之門の東側に移転した)まで歩いて通ったという(「相生平和記念碑を守る会」会長の辛輝浩による)。

五軒邸や堺町は、戦時中特高に弾圧された詩人やその同伴者たち(大塚徹・あき夫妻、竹内武男、隼橋登美子等)も住んでいた。現在も日本基督教団姫路五軒邸教会が拠点となり、私立学校等と連携した定期的な炊き出し活動が行われている。外堀は人々を分断するだけではなく、分断を乗り越えようとする人々も生み出しているのである。

五軒邸を南下し、外京口門(国府寺町)から西国街道を西進、内京口門《うちきょうぐちもん》(中堀)を経て総社(惣社)境内に至る。ここは一国の主要な神社を合祀した都市空間であり、戦前は総社遊園、図書館、映画館、偕行社《かいこうしゃ》(陸軍将校の社交クラブ)等を包摂していた。総社境内の西側には、かつて広大な城南練兵場があった。戦後その南半に誕生したのが、「お城本町」(お城マート。本町68番地の一部。現イーグレひめじ)と呼ばれる、城内でも市街地でもない、闇市起源の濃密な境界空間である。

詩人の市川宏三は「どこにもないはずの物が／値段しだいで出てくる町だった。／雨が降らないかぎり、お祭り気分だった。／目先

姫路市本町68番地

姫路城を取り囲む地帯の住居表示名。単独の番地としては皇居に次ぐ広さで全域が特別史跡。住民は郵便配達の際の便宜のため地域ごとに独自の町名を称した。その一つが闇市起源の「お城本町」（お城マート）で、旧満州からの引揚者を中心に約270世帯が暮らし、姫路の戦後史の象徴的空間だった。隣接する本町商店街のアーケード街も同じ番地の一部であり、戦後の雰囲気を今に残している。

イーグレひめじ

複合文化施設として2001年にオープン。隣接する本町商店街は、往時のお城マートをしのばせる＝姫路市本町

外堀川

城下町を区切る境界（手前）。川向こうの五軒邸には今も広壮な住宅や寺院が集まる＝姫路市城東町竹之門から

の利いた商人は／お祭り気分の中から／元の古巣へ帰って行った。／行く先のない引揚者や／露店商人や／後家さんたちがのこった」と詠《うた》っている（「わが町」）。

お城本町は姫路の文学者・芸術家たちの一大拠点であり続けた。彼らは今もなお路地のような境界空間を偏愛する。そこには、観光的なまなざしでは捉えきれない、都市の歴史に根差した市民精神が息づいているだろう。

（樋口大祐）

石積みダムは語る

南あわじ市

先人の情熱　大地を潤す

天端《てんば》と呼ばれるダム最上部の通路は、夏の日差しに輝く緑の天空回廊のようだ。南あわじ市の上田池《こうだいけ》ダム。堤高41・5メートル。農業ダムとしては国内で最も高い。広大な貯水池、迫力ある急滑降の石積みの堤体。下部の口から水が音をたてて流れ出ている。

滑らかな石積みは上へ行くほど傾斜が強く、離れてみると優美だが、近づくと覆いかぶさってくるようだ。細部の意匠も実にこまやか。天端の高欄（手すり）は市松模様風の小窓があり、取水塔の丸みも美しい。洪水吐《ばき》の上部の6連のアーチの隅には柱があり、その上部にはガス灯でもあったかと思わせるしゃれたデザインだ。

古城を思わせる上田池ダムの頂上部＝南あわじ市神代社家

「耕して天に至る」とは棚田の風景だが、営々と石を積み上げて造ったダムの随所に農地を潤す水を地域にあまねく行き渡らせたいという先人たちの情熱と努力が刻まれている。「箇々《ここ》の石は蟻《あり》の運びのそれにも似て積み上げられ／固く固く抱き合ひて／やがて盤石の堤とはなりぬ」。竣工90周年。記念誌は難工事をへて完成した喜びにあふれる。

　このあたりの地勢は山が浅く、河川流域が短く、用水に乏しい。古来、水事情が厳しく、灌漑用水は小規模なため池に求めなければならなかった。三原郡史（1979年）によるとその数は実に5200。そこで大正初期、神代《じんだい》、市《いち》、榎列《えなみ》の

3カ村はダムの築造に動き出す。「こつこつ造ったのです」。上田池土地改良区理事長の上田雅博（73）が案内してくれた。最下部、夏草に包まれる中に殉職碑があった。今のような運搬機械がない時代だ。就業延べ人員25万1千人。地元農民も入って石を削り、一つ一つ積み上げ、城壁のような巨大構造物を築いたのだ。静かなダムから声なき声が聞こえてくる。

各地の石積みダムを調べた労作「日本のダム美　近代化を支えた石積み堰堤」（川崎秀明著）によると明治から大正、昭和初期までの約50年間に約70基築造されたという。第1号は1900（明治33）年の布引ダム（神戸市）だ。水道水源としての目的だった。その後、発電用、農業用水、工業用水などと広がった。

近代化の歩みを示すこの土木遺産や産業遺産たちは、「用・強・美」を兼ね備えた不思議な魅力を宿している。膨大な石材による構造美、工夫を凝らした設計者のこだわりは注目だが、何より風土に溶け込んだ存在感が素晴らしい。ゲートから流れる滝のような放流、

空を圧する堤体。水位が上がると橋脚状の洪水吐から水が流れ落ちる

貯水池側に半円形の取水塔が突き出す。内部には水量調節の設備が納まる

堰堤下に据えられた殉職碑。ダム建設には想像を絶する労力を要した

上田池ダムからの水を農地に分ける円筒分水工。26カ所ある穴から均等に水が流れ落ちる＝南あわじ市市青木

貯水湖の水面、周辺の濃い緑…。近年、ダムを巡る人が増えているのもうなずける。

淡路島内に農業用ダムは10基、うち半数が南あわじ市にある。目を引くのが同市の成相《なりあい》池《いけ》ダムだ。一見、湖にかかる橋のようだが、この部分を残して大半は水没している。50年竣工の「日本最後の石積み堰堤」(前掲書)だが、時を経て、利水と治水に対応する現在の成相ダムができた。その際、美しいたたずまいのこのダムを壊すことなく、保存する道を選んだ。先人への敬意の表れだろう。

ダムから出た水を追う。上田池ダムの用水路は延長27キロ、計16カ所で本線から支線への分水工がある。圧巻は「円筒分水工」だ。直径2メートル、厚さ10センチ。上部には26個の穴が全周に等間隔であいている。水路から円筒部の逆サイホンで吹き上げられた水が穴を通じて各水路に供給されていく。頼もしい勢いで流れる命の水。そのきらめきがまぶしい。

(加藤正文)

成相池ダム

上田池ダムと似た古風なデザインを誇る。新ダム湖の中で保存されている=南あわじ市八木馬回

上田池ダム

南あわじ市神代社家。1926(大正15)年着工、32(昭和7)年完工。灌漑地域は神代、市、榎列のうち三原川左岸の農地。貯水量144万立方メートル。堤長131メートル。堤高41.5メートル。

鳥取・宍粟・姫路

時代を変えた「たたら製鉄」

鳥取駅前を歩くと「国道29号　姫路」の標識に出合う。因幡と播磨を結ぶ全長約118キロの基幹路線だ。この道は古来、兵庫県側では因幡街道、鳥取県側では若桜《わかさ》街道と呼ばれてきた。

姫路市と鳥取市。江戸期に鳥取城主と姫路城主を池田家が務めた縁は深く長い。姫路城を築城した池田輝政の孫、光政が家臣団とともに姫路から鳥取に移り、鳥取藩主として鳥取城の城郭と街の基礎を築いた。鳥取城は「姫路城の弟城」とも言われる。経済圏としても長い交流があり、「姫鳥線（中国横断自動車道姫路鳥取線）の全線開通などが追い風になっている」（岡本敏男・日本銀行鳥取事務所長）。両市が結ぶ姉妹都市提携は2022年に50周年を迎えた。

23年2月末、国道29号を車で走った。宍粟市波賀町戸倉と鳥取県若桜町落折《おちおり》をつなぐ難所、戸倉峠。ここには3本のトンネルがある。1955年開通の旧戸倉隧道（742メートル）が40年間使われ、1995年に新戸倉トンネル（1730メートル）に交代した。もう1本は戦時中に開削され、未成のまま残っているという。

界隈は雪深く、足を踏み入れられない。県境の峠はいくつもある。兵庫県千種町河内と

真っ赤に熱した玉鋼を鎚（つち）で打つ明珍宗裕さん。飛び散る赤い火花がほおを照らす＝姫路市夢前町新庄

若桜町中原をつなぐ大通峠《おおどおり》、千種町西河内と若桜町吉川をつなぐ江浪峠《えなみ》…。往時、播磨から因幡の国へ入るには困難をきわめたことだろう。司馬遼太郎は「いずれの道も、冬季は積雪で大変だったらしい。鳥取県が(中略)ひどく遠国に感じられてきたのは、国境いをなすこれら峠みちの嶮岨《けんそ》と冬の積雪のためであろう」(「街道をゆく　因幡・伯耆のみち」)とつづった。

因幡と播磨の難路を乗り越える原動力となったのが製鉄文化だった。砂鉄と木炭を使う日本古来のたたら製鉄だ。これで粗鋼を作り、加工して農機具や刀剣にする。源流を訪ねた司馬は「中国山脈は、砂鉄を産する。鳥取藩は、出雲(島根県)とならんで、明治以前の日本の製鉄の大きなにない手だった」と評した。

中国山地の東端に連なる宍粟市、佐用町にも製鉄遺跡が集中している。その数は200超。その一つ、宍粟市千種町の天児屋《てんごや》たたら公園は雪に埋もれていたが、その分、往時の熱が感じられた。「高殿」「鉄砂小屋《てっしゃ》」「勘定場」など区画を示す見事な石垣が残されている。奥深い山中に一大工場があったのだ。深い山中に製鉄集団ができ、集めてきた大量の砂鉄と木炭を資源に使う。「粉鉄《こがね》七里に炭三里」。七里は約28キロ、三里は12キロ。運搬距離を示した当時の言葉だ。山林で生産した炭をいくつもの峠を越えてたたら場へ運ぶ。鉄鉱石をコークスで還元する近代の製鉄法が普及するはるか以前にこうした「和鋼」が花開いた。鉄があったからこそ農機具や工具が発達し生産力が向上した。峠を行き来した無名の群像によって時代は動いたと感じる。

宍粟市から姫路市夢前町へ。刀工、明珍宗裕《むねひろ》(48)の工房で「玉鋼《たまはがね》」を見せてもらった。たたらで造られる極上の鋼だ。粒子が泡立つようなにび色の塊。ずしりと重い。鍛錬して

旧戸倉隧道に向かう道に分け入るとガードレールの高さを超える雪に閉ざされていた＝鳥取県若桜町落折

たたら製鉄

砂鉄から鉄を作り出す日本古来の工法。山中の砂鉄を土で作った溶鉱炉に入れ、大量の炭で燃焼させて生産する。刀剣づくりには不可欠な素材で島根県奥出雲町の日刀保たたらでは往時の工法で作業が行われている。宍粟市千種町の天児屋鉄山跡は兵庫県指定史跡。

天児屋たたら公園

江戸～明治にかけ操業したたたら製鉄施設跡。城壁を思わせる石組みが残る。たたらの里学習館は冬期は休館＝宍粟市千種町西河内

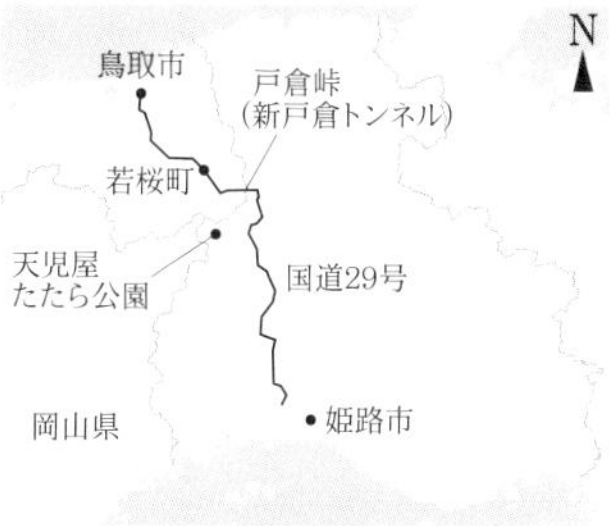

刀剣にする。明珍家は平安期から続く甲冑師の家系で伝統工芸品「明珍火箸」で知られる。次男宗裕が刀工となり、三男宗敬が53代当主の鍛冶師として火箸風鈴を制作している。

中国山地の砂鉄でできた玉鋼を高温の火床《ほど》に入れて宗裕はひたすら鍛錬していく。飛び散る火花、わきあがる水蒸気。鉄の旧字は「鐵」だ。字を分解すれば「金の王なる哉」だ。その用途、利便性、経済性…。各種の金属の「王」の位置にあるという説がしきりと頭に浮かんだ。

（加藤正文）

峠のトンネル

国道29号が通る新戸倉トンネル。ほかの峠道は今も冬は雪が深い（兵庫・鳥取県境）。

十文字の街

福崎町・辻川

変わり続ける民俗学の故郷

JR姫路駅から播但線で約20分、福崎駅で降りる。広々とした駅前広場に定期的に出現するガジロウの水槽やアマビエが鎮座するベンチの横で、親子連れが遊んでいる。全国の地上波テレビ番組で妖怪のまちとして紹介された結果、遠くから幼児やおじいちゃんおばあちゃんを連れた二世代・三世代ファミリーがやって来るようになった。すっかり妖怪タウン化した兵庫県福崎町の今の姿である。

駅前からタクシーで約10分、神崎橋で市川を渡り、北上すると、18世紀初頭に建造された重要文化財・大庄屋三木家住宅につく。17世紀に姫路藩の新田開発の誘いに応じて飾磨から移住し、18世紀半ば以降、播磨の文化人の交流の拠点の一つとして栄え、漢詩文集、冠婚葬祭の記録、紀行文、調度類、和漢の旧蔵書

鈴の森神社のヤマモモ（中央）は町内最大の大樹。木登りの苦手な柳田は狛犬（こまいぬ）に乗り、木を眺めていたという＝福崎町西田原

類等を残した。この町で生まれた松岡國男少年（後の民俗学者・柳田國男＝１８７５〜１９６２年）は10歳の頃この三木家に預けられ、役所の間の吊り階段を上がった三畳間で過ごしたとされる。彼の生家・松岡家は三木家の近所にあったが、狭隘《きょうあい》な間取りのため、長兄に嫁した女性は実家に逃げ帰ってしまった。この悲劇の記憶が、後に彼が経世済民の学としての民俗学を志した動機の一つだったが、その彼に読書を通して世界への目を見開かせてくれたのが、三木家の膨大な蔵書類だったのである。

三木家の裏を北に回ると、鈴の森神社が鎮座する辻川山公

園に至る。ガジロウが出没する池の奥の小高い閑静な丘上に、移設された柳田國男生家と並んで神崎郡歴史民俗資料館（旧神崎郡役所）、柳田國男・松岡家記念館（いずれも福崎町立）がある。松岡家は三木家を中心とする知識人グループの一員であり、國男の祖母・小鶴は女医であると同時に、庭先の小動物との対話を詠む破格の漢詩人だった。辻川は明治初年、飾磨津（姫路市）と生野銀山を結ぶ馬車道沿いに位置していた。國男は1958年に神戸新聞紙上に連載した「故郷七十年」で、辻川について「非常に旧《ふる》い道路が十文字になったような所に育ったことが、幼い私に色々の知識を与えてくれた」と述べている。彼は4歳の時、実在しない「神戸の叔母さんに会いに行く」と言って家出をしたことがあ

辻川地区にある高藤稲荷で夜間照明に映えるフジの花。鈴の森神社のヤマモモとともに幼い柳田の心象風景を形作った＝福崎町西田原

柳田國男の部屋

広壮な三木家住宅の２階にある。吊り階段の上がり口を含めた３畳ほどの狭いスペースだ＝福崎町西田原

ガジロウ

ＪＲ福崎駅前で出合える河童（かっぱ）のキャラクター。観光ＰＲに大きく貢献している＝福崎町福田

るが、これも辻川の開かれた性格と関わるだろう（もっとも同書には1871年の播但一揆についての言及がなく、当時の辻川のすべてを記録しているわけではない）。

一方、2010年代の観光政策の中で街の各所に登場した妖怪たちは、辻川の歴史とはあまり関係がない。柳田國男の妖怪研究には、ひとが時に容易に幻覚にとらわれる傾向を持つことに対する真面目な問いが存在しており、妖怪のキャラクター化とは程遠いものだった。

とはいえ、福崎町が生き残り政策として妖怪によるまちづくりを選んだ事実は重い。その功罪は後世があらためて判断することであろう。

夕暮れの福崎駅改札口で、ベトナム人の子連れ女性たちの会話がきこえた。この町に住む親族を訪ねてきた後の別れの場面だ。福崎町に限らず、兵庫県の自治体にとって、外国人住民は不可欠の存在になりつつある。福崎・辻川の風景は今後も、予想を超えて変わり続けていくにちがいない。

（樋口大祐）

柳田國男と妖怪

「神隠し」に逢（あ）いやすい少年であり、「幽冥界」を好んで詠む青年詩人だった國男は、「遠野物語」（1910年）から「妖怪談義」（56年）に至るまで幻覚体験に関心を持ち続け、伝承を収集した。そのスタンスは幻覚を迷信として否定するのでも、安易に実体化するのでもなく、「オバケはどうでも居るものと思った人が、昔は大いに有り、今でも少しはある理由」（「妖怪談義」）を謙虚に問い続けるものだった。

赤穂・坂越

進取の気性はぐくむ風待ちの浦

いつかまた見たいと念じてきた風景に再び身を置く。赤穂市坂越。２キロの円弧を描く湾に浮かぶ生島《いきしま》に船で渡ろう。陸からは指呼の先、周囲１・63キロ、面積８・１ヘクタールの小島だが、時空を超えて語り継がれる存在感を宿す。聖徳太子の

重臣で能楽の始祖とされる秦河勝《はたのかわかつ》の漂着伝説が残されている。世阿弥の「風姿花伝」に登場するその姿は意味ありげだ。〈摂津の国難波の浦より、うつほ舟に乗りて、風にまかせて西海に出づ。播磨の国坂越の浦に着く〉

門田《もんだ》守弘（71）＝坂越のまち並みを創る会前会長＝の案内でいざ乗船。島は古来、神地とされ、樹木の伐採や立ち入りが控えられてきたため、１９０種もの植物が群落を形成し、原始の状態が保たれているという。この生島樹林は１９２４（大正13）年に国の天然記念物に指定された。２０２４年で１００周年になる。

うっそうと茂る木々を分け入って登ると小さな墳墓に行きあたる。河勝の墓と伝えられる生島古墳だ。この島が霊験あらたかな地として祭られてきたのは河勝の伝承はもちろんだが、島によって荒波や暴風から坂越が守られ、天然の良港、風待ちの浦として発展したからにほかならない。江戸

坂越のシンボル生島の眺め。手つかずの原生林は初夏の頃がもっとも美しいという＝いずれも赤穂市坂越

期は北前船の西回り航路の寄港地となり、赤穂名産の塩を上方などへ運ぶ塩廻船の出港地となった。

往時の繁栄ぶりは秋の大避《おおさけ》神社の祭礼「坂越の船祭」が今に伝える。男衆が板の上で舞う「バタカケ」に続いて行われる船渡御は瀬戸内三大船祭りの一つだ。空と海の澄んだ青が溶け合う中、和船が巡航していく。祭神の秦河勝が生島に流れ着いた故事をもとに始まったとされる。国重要無形民俗文化財で赤穂が誇る二つの日本遺産、北前船寄港地と塩作りの歴史文化でこの船祭はともに構成文化財となっている。

大避神社へ。仁王門の間から見える海の情景に見とれていると和装の花婿と花嫁が階段を上ってきた。瀬戸内海の魅力は「名津《めいしん》」と呼ばれた天然の地形や町並み、伝統、文化が醸し出す風情ということなのだろう。絵馬堂には船や能楽など由緒ある絵馬が飾られている。目を引くのは「順風」と大書された額だ。34年に木村製薬所（現アース製薬）の苦汁《にがり》船が寄贈したとある。創業者の木村秀蔵（1870〜1945年）が16年、塩の副産物である苦汁を原料に良質の炭酸マグネシウムの国産化に成功し、坂越で生産を始めた。ゴムなど工業製品に使われた素材だ。赤穂の塩、千種川の水が有効に働いたという。商標は「地球印」。進取の気性に満ち、家庭用殺虫剤「アース」など新分野に進出。その後も「ごきぶりホイホイ」「モンダミン」など新製品を次々に開発した。

毎年暮れ。古刹、妙道寺で開発や実験に使われた虫たちを弔う虫供養が執り行われる。飼育する無数のゴキブリやダニ、蚊の「遺影」を掲げ、研究員たちが手を合わせる。アース製薬が大企業となっても息づく坂越のDNA。静かな湾内ではぐくまれた伝統と革新に感じ入る。

（加藤正文）

坂越

赤穂市の南東端に位置し、1889（明治22）年に坂越村が発足。1936年に坂越町、51年に赤穂町、高雄村と合併し、赤穂市となった。船主邸宅、寺院、浦会所が軒を連ねる町並みが美しい。廻船業とともに歩んだ歴史を今に伝える。

生島の墳墓

秦河勝のものと伝わる。こんもりと丸く土が盛られていた

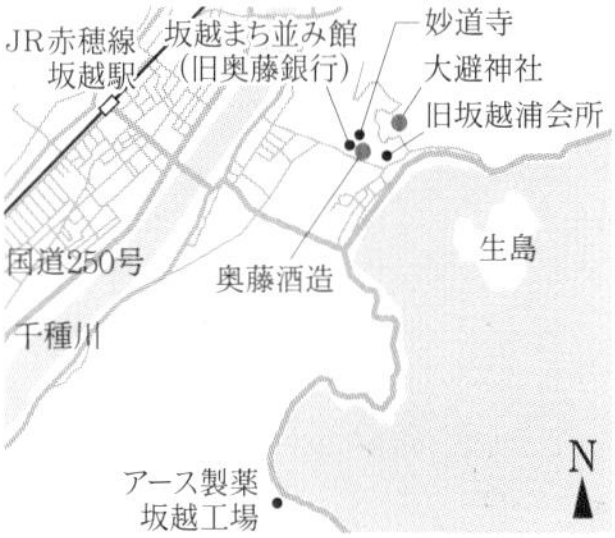

航海の安全願う

大避神社の絵馬堂には額や絵馬が奉納されている。帆船や能楽を描いたものも多い

内陸の千種川にあった高瀬舟の船着き場と坂越湾を結んだ坂越大道。広々とした道の両側に造り酒屋や寺院が並ぶ

未来都市をうたった神戸・ポートアイランド市民広場。
ぬれた敷石に明かりが映える

尼崎では江戸時代から営々と菰樽づくりが続く

三田市のニュータウン内に設けられた公園の意匠

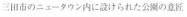

第五章

変貌する風景

白砂青松の瀬戸内に臨海工業地帯が造成され、コンビナートや工業団地、ショッピングセンターが出来た。神戸沖に浮かぶのは大規模な人工島。山、海に行く。六甲の裏側には大規模ニュータウンが生まれた。環境と開発の関係は時代とともに変化し、人と自然の風景の保全が問われ続ける。住みよい都市の風景を求めてインナーシティへ。時空を超えた人々のざわめきが聞こえてきた。

東洋のジュネーブ

芦有ドライブウェイ

起業家の夢を乗せて60年

ジュディ・オングといえば大ヒットした「魅せられて」（1979年）が思い浮かぶが、芦屋市奥池南町の芦有《ろゆう》ドライブウェイ本社で教えてもらった「ふたりの季節」（68年）には目を見張った。緑の六甲を背景にアイドル風の彼女が笑顔を見せるシングル盤のジャケット。プレーヤーに掛

けると青春歌謡のような歌声が流れだした。♬忘れられない　東六甲／あれは奥池　春のこと。キャンペーンソングの風情が昭和の阪神間の魅力を今に伝える。

　ジャケットの題字は「芦有開発株式会社社長　金井慶二」。1893（明治26）年生まれの金井は尼崎市の紡績部品メーカー、金井トラベラー製造所に入り、金井重要工業として業容を拡大。尼崎商工会議所会頭など要職を歴任し、1984（昭和59）年に91歳で死去した。同社会長で孫の金井宏実《ひろみ》（64）は「祖父には旺盛な起業家精神があった」と話した。

　その自伝「私の足跡」（80年）が興味深い。有馬温泉の情緒を愛するあまり、泉源を確保して旅館「古泉閣」の経営に乗り出す。極めつきは道路開発だ。有馬は芦屋からわずか8キロほどの近さなのに当時は道路が貧弱でかなりの時間が掛かった。〈表六甲と裏六甲を直結する自動車道路を建

奥山貯水池（中央下）、奥池（左下）を中心にした閑静な自然の中に、しゃれた邸宅が立ち並ぶ。大阪湾沿岸の喧噪からは隔絶された住宅街だ＝西宮市越水社家郷町の東六甲展望台から

設したい〉。58年、芦屋在住の有力者らで芦有開発を設立した。

功成り名を遂げた財界人は、あくなき情熱で用地買収、造成、建設に打ち込んだ。難工事の連続で60年には土砂崩れで多数が犠牲となる事故も起きた。61年に開通式典を迎えた。展望台などからの眺望に感極まったのだろう。〈眼下に広がる芦屋や尼崎、一転して三田の町並みに目を触れると、瞼が熱くなってくるのを感じた〉

2021年9月で開通60周年となった。抜群の環境を生かした宅地開発が有名だが、関西有数のドライブコースとしても親しまれている。沿線には金慶橋、金井トンネルと「金井」の名を冠した設備がある。道路を造るという大事業に傾けた情熱の痕跡があちこちに刻まれている。古泉閣の社史によると道路は三田を経由して日本海まで延長する構想だったというから驚きだ。

起工式の際、当時の芦屋市長内海清はスイスの景観を重ねて「東洋のジュネーブ」と話した。奥池を歩くと静かで涼しい高原のような空気が漂う。現在、奥池町と奥池南町に約1300人が暮らす。作家藤本義一も別荘を構えていた。2012年の死去後、軌跡を伝えるギャラリー「藤本義一の書斎」になった。長女中田有子は「父はここでリラックスして友人たちと語り合うのが好きでした」と偲んだ。

近年、芦有の経営は大きく揺れた。インフラに関心をもった豪の大手ファンド、マッコーリーによる買収話が浮上。同社は箱根ターンパイク（神奈川県小田原市）と芦有に目を付けたが、リーマン・ショックの影響で芦有を買収することはなかった。現在の経営は西日本高速道路と日本政策投資銀行が担う。

今後、少子高齢化は加速し、交通量も減る。当然、インフラのあり方も変化する。「還暦」の芦有はどう変貌するだろうか。（加藤正文）

芦有ドライブウェイ

芦屋市と神戸市北区を結ぶ一般自動車道（10.7キロ）。1959年に着工し、61年に開通した。料金所は芦屋、宝殿、有馬の3カ所。交通量は1日約2千台（2019年度）。10年に芦有開発から分社化され、西日本高速道路と日本政策投資銀行が株式を取得した。

緑に包まれたドライブウェイ沿線。梅雨の晴れ間のアジサイが目を和ませる＝芦屋市奥池南町

沿線の中ほど、標高645メートルにある東六甲展望台。大阪湾と北摂地域が一望できる。日曜日は高級車の集いの場になっている＝西宮市越水社家郷山

金井トンネル

長さ175メートル。山を一回りするループ式を採用。民間自動車道では初の試みだった＝西宮市越水社家郷山

金慶橋

金井慶二氏の名前を冠した。国内唯一、桁部が腐食に強いアルミニウム合金で造られている。2017年に土木学会から「選奨土木遺産」に認定された＝神戸市北区有馬町

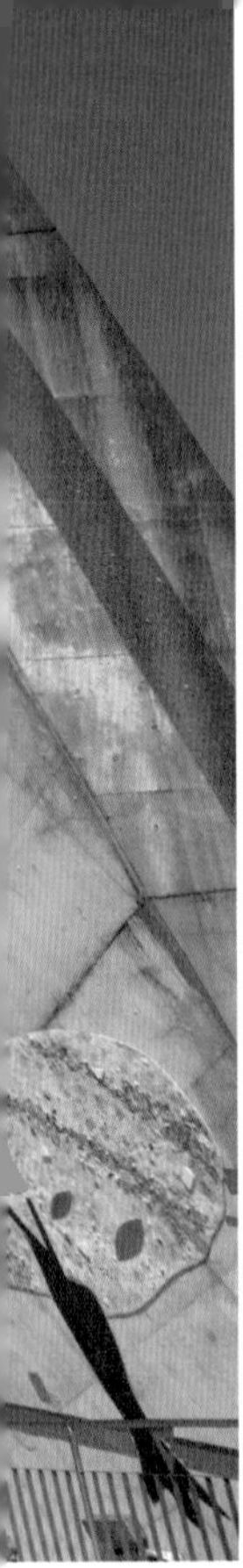

北摂ニュータウン

新旧超える理想を求めて

神戸電鉄南ウッディタウン駅を出ると激しい夕立に見舞われた。屋根付きのセンチュリー大橋に駆け込む。遠くから見ると鼓を割ったような形だが、中から見上げると主ケーブルに馬蹄《ばてい》形のハンガーが幾重にも連なる。世界でも類を見ない多段式吊り橋だ。雨上がりの澄んだ空気の中、馬蹄のフレームに収まる緑の山々の情景に見とれた。

名称をセンチュリー（世紀）としたところに新都市の明日を開く意気込みを感じる。完成から2021年で28年。設計に携わった建設技術研究所の田中宏明(59)は「新しい橋を造る時代は過ぎ、維持管理が重要な課題だ」。いずこにも共通するニュータウン開発の永遠のテーマだろう。

戦後日本では千里、多摩、明舞などで新都市建設が推進された。しかし「ベッドタウン」という造語が示す通り、「住」に特化した都市は人口構成がいびつになり、一気に高齢化する。「最後のニュータウン開発」とされる

北摂は、フラワータウン、ウッディタウン、カルチャータウン、テクノパークの四つのクラスターからな

ウッディタウンのモニュメントであるセンチュリー大橋。屋根は高く幅は十分に広い。橋上は開放感にあふれる。土木学会田中賞を受賞した名建築だ＝三田市けやき台1

る。後発ゆえの英知や理想が盛り込まれたが、いつか来た道は避けられないのだろうか。

1982年に街びらきしたフラワータウンへ。見るべきは街の中央部にある深田大橋だ。谷に架かる橋の上を人々が行き交うが、ここは人と自然の博物館の屋上なのだ。下部は4階構造で両面にハーフミラーが張られ、空の青と谷の緑を映し出す。当初は造成の予定だったが、建築家丹下健三が谷の自然を残して公園にする一方、橋をただ渡るだけにせず、「交流」をテーマにした博物館にできないかと提案したという。

街路樹や公園の樹木が歩道に緑の影を落とす。造成地の住宅街は自然に包まれている＝三田市あかしあ台5

山を切り開いた人工都市の真ん中に「人と自然」をテーマにした博物館がある。ここに共生の意志を感じる。2022年で30周年。館長の中瀬勲（73）は「大阪、神戸から程よい距離にあり、周囲は多様な自然がある三田盆地だ。農村部、旧市街地、ニュータウン。お互いを認め合い、住民主導で街を考えるときにきている」。

人口3万人だった三田市は1987年から「人口増加率日本一」を10年連続で更新した。20万都市を目指した時代もあったが、人口増は2011年の約11万5千人をピークに減少に転じた。実際のところ10万人を割る日もそう遠くないのだろう。年齢で言うとフラワー39歳、ウッディ34歳、カルチャー29歳。まだ若い印象だが、新都市の時の流れは非情だ。3地区平均の高齢化率は22・9％。市長森哲男（69）は「育った若者が三田を出ていき、なかなか戻らない。ニュータウン再生と、人口減に負けない街づくりに取り組む」と策を巡らす。

夕闇迫るころ旧市街に出て、武庫川に架かる車瀬橋を歩いた。界隈で少年時代を過ごした詩人三好達治の詩が刻まれている。〈祖母は月光をかきあつめて／桃の実のやうに合せた掌の中から／沢山な月光をくれるのだ〉。往時の蛍狩りの情景が浮かぶ。ごく短い車瀬橋商店街のアーケードを抜けると本町通りセンター街だ。店は減り、有線で歌謡曲が流れる。穏やかな街並み。懐かしい知人。江戸期から栄えた中心街の名残が漂う。新旧の時間軸を超えた悠揚迫らぬ雰囲気に気持ちがなごんだ。

（加藤正文）

センチュリー大橋（奥）がまたぐ神戸電鉄公園都市線と片側２車線の三田幹線。フラワータウン、ウッディタウン、カルチャータウンを結ぶ交通の動脈だ＝三田市あかしあ台５

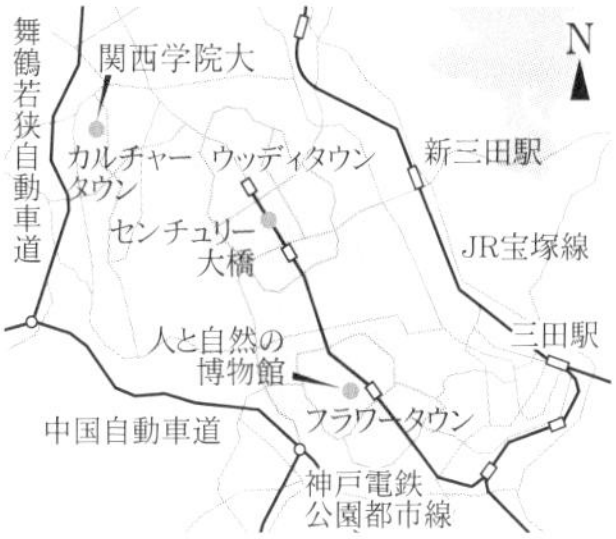

ニュータウン

19 世紀末、ロンドンの過密と環境悪化を憂えた社会改良家ハワードは田園都市構想を打ち出した。この思想は世界に広がり、各地でニュータウン開発が行われた。北摂は 1969 年の北摂開発構想に基づき、北摂、北神地区で整備が進んだ。〝神戸三田〟国際公園都市という名称もある。

関西学院大学　神戸三田キャンパス

1995 年に開設。カルチャータウンにあり、「ワシントン村」「兵庫村」 などの住宅街に隣接する＝三田市学園上ケ原

深田大橋

故丹下健三氏が設計した。深田公園を越え神戸電鉄フラワータウン駅と住宅街をつなぐ。橋の下にガラス張りの兵庫県立人と自然の博物館がある＝三田市弥生が丘６

100年の被災地

豊岡復興建築群

都市再生の夢 世紀を超えて

斜めに走る道路を行くとロータリーに出た。直径72メートル、円周220メートル。絶妙の円さだ。6方向に延びる車線とのコントラストが美しい。中央の公園に座するのは鉱山王、中江種造翁の銅像で建立は1925（大正14）年3月。実に大正期のロータリーなのだ。「此の斜線を作り、その中央に公園を置きたるは佛國《ふっこく》巴里《パリ》のプラスデーヱトアールの場所を参考し、其サンゼリ街を模倣したるもの、よしなり」（「豊岡町地区整理誌」）。凱旋《がいせん》門のエトワール広場、今のドゴール広場をモデルにしたというから壮大だ。

当時、「大豊岡構想」と呼ばれる一大プロジェクトが進んでいた。銅像完成の2カ月後に北但大震災が発生し、家屋倒壊とともに至る所で火災が起き、燃え広がった。「震災復興は大豊岡構想を推し進める形で進んだ」。町の歴史に詳しい「豊岡まち塾」副塾長の松井敬代（66）の解説にうなずく。

復興計画は大開通（駅通り）の中央にシビックセンターとして町役場、郵便局、税務署などの官公庁を集中させるとともに公設市場や街路便所を整備した。確

あちこちにレトロな外観の建物がある。土蔵風、タイル張り、腰石付き、銅板張りなど防火に工夫したさまざまな造りが分かる＝豊岡市中央町

３軒続きのＲＣ造建築の装飾が美しい。左からロマネスク、ドイツ表現派、ロンバルディア帯の意匠が斬新だ＝豊岡市中央町

かに食と排泄は差し迫った問題だ。公設市場のアーケード内部は木造トラス構造で天井が高く、採光も十分ある。驚くことに当時の街路便所が現役で使われていた。

圧巻は歩道橋から望む復興建築群だ。下を歩くと普通の商店街だが、上から見ると鉄筋コンクリート（ＲＣ）造の建物が集中している。震災時の大火を教訓に防火帯を民間住宅に設けようと県が補助制度を導入。外壁、屋根、柱、階段を耐火構造とし、申請期限を定めたことでＲＣ造店舗兼住宅が同時期に一斉に造られた。申請は48件（うち38件現存）で戦前の地方都市としては異例の多さだ。これは北但大震災の発生が関東大震災の２年後という点が大きい。帝都復興の東京を意識する形で大豊岡構想に基づく都市再生の機運が高まったのだろう。

ＲＣ建築の外観は多種多様、百花繚乱。王冠風の外壁には素朴なモルタル彫刻、３軒続きの建物のデザインはロマネスク、ドイツ表現派、ロンバルディア帯と不思議な雰囲気。タイル張り、銅板張り、レリーフも恵比寿、八芒星《はちぼうせい》、鈴…。次々現れる斬新な意匠に胸が躍る。１９２０年代、世界的に広がったモダニズムの波が但馬にもきていたことが分かる。ランドマークはアーチ窓が美しい旧豊岡町庁舎、今の豊岡稽古堂だ。対面には名手渡邊節の設計になる旧兵庫県農工銀行豊岡支店。重厚な雰囲気のまま改装され、宿泊や食事のオーベルジュになっている。

復興建築群は高度成長やバブルなど時代の荒波にもまれつつも動態保存されている印象だ。近年、古い建物を舞台に若者たちの活動が目立つ。公設市場では空き店舗が居酒屋やカフェ、ゲストハウスになった。「もりめ食堂」を営む森恵美（36）は地域おこし協力隊員だった岡田圭輔（44）と協力してゲストハウスを開業した。いわく「人が人を呼び、場所も人を呼ぶ」。

2025年、北但大震災は発生100年を迎える。同じ年、阪神・淡路大震災は30年。果たして後世に残る街並みをつくり得ただろうか。（加藤正文）

北但大震災

1925（大正14）年5月23日午前11時9分ごろ、マグニチュード6.8の地震が円山川河口部付近で発生。豊岡、城崎に甚大な被害を及ぼした。死者420人、負傷者792人、全焼1712戸、全壊826戸。復興建築群は近代の「都市計画遺産」と評価され、「豊岡のまちづくりの歴史を物語る証人」（「兵庫県近代化遺産総合調査報告書」）とされる。

寿ロータリー

大正期、パリのエトワール広場を参考に整備。公園には上水道工事費を寄付した中江種造翁の銅像。毎年5月に水道まつりが行われる＝豊岡市泉町

ふれあい公設市場

震災後の1927年に設置され「豊岡の台所」と呼ばれた。2003年に京都の町屋風に改装され飲食店などが入る＝豊岡市千代田町

鈴木自転車店

王冠風のパラペット（壁）には所有者の名前をモチーフにした「鈴」と「木」のレリーフが浮き出ている＝豊岡市中央町

シビックセンター

震災後、官公庁を集めて整備した。保存・活用が進み、豊岡稽古堂（左）とオーベルジュ豊岡1925は今も町のランドマークだ＝豊岡市中央町

工都残照

尼崎・杭瀬

成長の光と影を宿して

神崎川の下流、左門殿《さもんど》川に分岐するあたりに広がる杭瀬に来ると不思議な気分にとらわれる。古来、砂洲だったという奥まったエリアに住商工が混然一体と発展してきたたたずまいは、阪神尼崎やJR尼崎界隈とは画然と異なる。県境という文化の接点領域という条件も相まって、「兵庫」や「アマ（尼崎）」とひとくくりにできない雰囲気が漂う。

半世紀ぶりにじっくり見て歩いた。縦横に広がる市場はかつては大変なにぎわいだったが、空き店舗が目立つ。親子連れであふれていた杭瀬団地周辺はお年寄りが歩き、児童公園も閑散としている。往時の原風景は懐かしいが、街に充満していた熱気は消えている。人口減少社会の今、いずこも同じだろうが、高度成長期の光が強かった分、影も色濃い。

神崎製紙、大同鋼板、セッツ、塩野義製薬…。当時、名だたる企業の工場が並び、「工都」と称された尼崎をけん引した。す

建設から半世紀を経た現在でも、杭瀬団地は入居希望者に人気だ。青空の下、住民が丹精する専用花壇は花や野菜があふれていた＝尼崎市今福1

ぐそばには杭瀬団地。兵庫県住宅供給公社が１９６７～69年にかけて分譲した全30棟、約千戸の大規模団地だ。経済成長、人口増の時代、工場と団地、生産と生活が至近距離で重なり合っていた。それは経済発展の駆動力となったが、公害のダメージをもろに受けることにもなった。

なぜ広大な団地がここにできたのだろう。西側の入り口に小さな記念碑を見つけた。「東洋紡績株式会社神崎工場跡」。１９００（明治33）年に設立された大阪合同紡績が13（大正２）年、この地で神崎工場を建設し、翌年、操業を始める。31（昭和６）年、東洋紡に合併される。敷地面積30万平方メートル、従業員三千数百人。

重化学工業で発展する阪神工業

地帯の要にある尼崎だが、産業革命は繊維から始まる。近代化遺産として有名な煉瓦造りのユニチカ記念館（旧尼崎紡績本社事務所）もほぼ同時期に建てられた。大阪とともに尼崎もまた東洋のマンチェスターだったのだ。

「精紡機15万錘、撚糸《ねんし》機5万錘、織機1500台の生産設備を有し、神崎川畔に樹立する巨大な4本の煙突が、神崎工場を誇示するにふさわしい、東洋一の大工場であった」。元従業員らが記した一連の手記「神崎工場物語」（東洋紡績神崎会編）に詳しい。同社のモデル工場として栄えたが、45年6月15日の大空襲で工場は全焼、50年に閉鎖された。

そのよすがを探した。隣接する旧神崎製紙（現王子イメージングメディア）の社宅の壁に古い煉瓦塀が連なる。東洋紡時代にできたのだろう。東へ歩くと東洋リビングサービス。前身は東洋リネンサプライだ。東洋紡の子会社でリネン製品を洗濯して供給していた。

古く重厚なアーケードの下に数多くの店舗が軒を連ねる。気さくな下町の雰囲気を愛する近隣住民は多い。商店主たちも新商品やＳＮＳで魅力発信に取り組む＝尼崎市杭瀬本町1

ルーツは今も生きている。

杭瀬団地は住戸全体の3割がメゾネットタイプだ。当時にしては斬新だった。中央部には「どんぐり山」と呼ばれた公園。シンボルだった給水塔は撤去されているが、コンクリートの小山にしつらえた滑り台は健在だ。

団地は思いのほか静かだ。交通至便で買い物に便利。空きが出ればすぐに埋まるという。分譲開始時から半世紀以上住む女性（56）は「昔の活気は薄れたけど気取らない住みやすさがこの街の魅力かな」と話した。

（加藤正文）

工場跡を示す碑

杭瀬団地の一角に置かれた東洋紡績神崎工場跡を示す石碑（左）。昭和初期には三千数百人が働き、遠く鹿児島や熊本から出稼ぎにくる人もいた=尼崎市今福1

ユニチカ記念館

1900（明治33）年に完成した繊維大手ユニチカの前身「尼崎紡績」の本社事務所。その後北側の現小田南公園に工場が建設され東洋紡績神崎工場とともに、日本の繊維産業をけん引した=尼崎市東本町1

尼崎の公害

大気汚染、地盤沈下、水質汚濁、悪臭、騒音…。尼崎は多様で深刻な被害が集中した、工場から排出される降下煤塵（ばいじん）や亜硫酸ガスでぜんそく患者が多発した。加藤恒雄著「はじまりは団地の『公害日記』から」（2005年、ウインかもがわ）に詳しい。

百年の工業都市

環境の世紀に未来を重ねて

高砂市臨海部

臨海部に広がるカネカ高砂工業所の奥部にいくつもの塩の山がそびえる。陽光に輝く様子は夏の雪のようだ。一山は高さ7メートル、ざっと700トン。メキシコやオーストラリアから輸入され、電気分解されて主要製品である塩化ビニールモノマーや塩酸、カセイソーダなどの原料になる。

塩は太古の昔から瀬戸内の特産品だった。天日と浜を使う入浜式塩田はデルタや干潟につくられ、少雨の瀬戸内は最適だった。松林と塩田の情景が浮かぶ。高砂、大塩、的形、赤穂…。時をへた今、見渡すばかりだった塩田は消え、埋め立て地にできた巨大化学工場が輸入の塩を扱っている。

カネカの前社名は鐘淵《かねがふち》化学工業、源流は鐘淵紡績だ。「明治時代の後半以降、三菱製紙と鐘淵紡績の二大工場を牽引車として、高砂は工業都市としての道をひた走ることになる」。高砂市史は一地方都市に大工場ができて以降の地域社会の変容をつづる。戦後もいち早く工場誘致条例を施行。沿岸部

人工の砂浜をもつ高砂海浜公園は、造成されてから約40年が経過した。公園からは松林越しに対岸で稼働する工場の様子が見える＝高砂市高砂町向島町から

全域の埋め立ては兵庫県の事業として1961（昭和36）年に始まり、73年末までにすべて竣工した。武田薬品工業、関西電力、電源開発、三菱重工業、神戸製鋼所といった大企業が進出した。播磨工業地帯の高砂は列島改造をけん引した拠点開発方式の「模範生」だった。

環境の時代となった現代から考えると海岸線の全域埋め立てという地域開発の規模に驚く。日本は約3万5千キロもの長い海岸線に恵まれた海洋国家だが、戦後の高度経済成長の過程で工場用地や都市用地として埋め立てが進み、各地で白砂青松の浜辺は消滅した。高砂ではＰＣＢ汚染、赤潮、光化学スモッグといった公害問題が発生した。ＰＣＢはカネミ油症事件を機に鐘淵化学が製造責任を問われる一方、同社と三菱製紙のＰＣＢを含む廃液による底質土壌汚染もあった。市史は成長の負の側面に言及するとともに、自然海浜がほぼ失われた73年、市民の間から「入浜権《いりはま》」を求める運動が起きたと伝える。

それから半世紀が過ぎた。各工場では先端の研究による製品開発に余念がない。カネカの注目事業は海水中でも容易に分解する「生分解性ポリマー」だ。使い捨てプラスチックによる環境破壊を防げるという。最近では経済産業相や元首相らが視察に訪れた。光を放つ工場に対して既成市街地は高齢化と人口減に苦しむ。地域商業は厳しく、ショッピングセンター「サンモール高砂」の跡地利用も先行きは見えない。世紀を超えて環境と開発のドラスチックな変化を体現した工業都市の現実を見つめる。

操業開始から１２０年余の三菱製紙高砂工場へ。特殊紙や機能材を生産する基幹工場だが、構内には煉瓦造りの建物が立ち並ぶ。驚くことにいずれも現役なのだ。一角から俳人永田耕衣《こうい》（１９００～97年）が現れそうな気がした。本名永田軍二。工場のナンバー３の製造部長を務める一方、句作に打ち込んだ。人間らしく生きる「マルマル人間」という造語が印象深い。会社人間を超越した一個の人間の揺るぎない存在がそこにある。

当時、入浜権の思想が各地に広がる力を持ち得たのもそうした精神の自立性と郷土愛が背景にあったからだろう。企業の占有ではなく市民が自由に行き来できるようにコンクリート護岸を撤去して磯浜を再生したい。願いが託された県立高砂海浜公園を歩いた。松林を抜け、渚に出る。「誰をかも知る人にせむ高砂の松も昔の友ならなくに」（百人一首）。左は神戸製鋼所加古川製鉄所、右はカネカ高砂工業所。雨上がりの日差しに輝く播磨灘は海と空の青が連続していた。

（加藤正文）

臨海部に集中する大企業の工場や事業所に比し、古い町の姿は情緒深い。近くには観光スポットに再生された古民家もある＝高砂市高砂町北渡海町から

三菱製紙高砂工場

貫禄ある工場風景が加古川河岸に広がる。生産している商品は高機能の感熱紙や機能材などデジタル時代を担う最先端製品＝高砂市高砂町栄町

カネカ高砂工業所

敷地の一角には塩が山積みされている。電気分解して各種製品の原料となる＝高砂市高砂町宮前町周辺

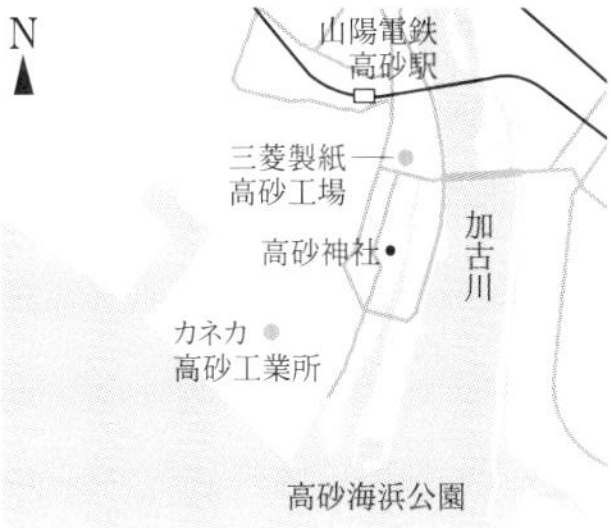

入浜権

市民が自由に海浜や海岸に入れ、自然の恩恵を享受できる権利。1973年、高砂市の公害を告発する住民運動から生まれた理念で山林の入会権から着想されたという。75年、「古来、海は万民のもの」に始まる入浜権宣言が採択され、運動は全国に広がった。高崎裕士、高桑守史著「渚と日本人」（76年、ＮＨＫブックス）などに詳しい。

加古川・別府

咲き誇る肥料王の夢

これほど濃密に創業者の情念を宿している建物はそうないだろう。加古川市別府町の多木浜洋館。全身をすっぽりと銅板で包んだその姿は、時をへて緑青を吹いた今でも、往時の雄姿にちなんだ「あかがね御殿」と呼ぶにふさわしい。

東証プライム上場の肥料・化学品メーカー、多木化学を興した多木久米次郎（１８５９～１９４２年）が迎賓館として建てて２０２３年で90年になる。モダニズム、スパニッシュ、チューダー…。「これまでのどんな類にも入らない孤立した姿をしている」（東大名誉教授・藤森照信）。木造４階建て。３階まで吹き抜けの階段ホールの大空間は圧巻だ。国会議事堂を模したという木造階段、１５０平方メートルの大広間は桃山風の格天井《ごうてんじょう》に極彩色の彫刻。２階の鏡の間（貴賓室）は大理石のマントルピースに壁は金唐革紙張り。和洋折衷の極致という趣だ。

久米次郎は醤油醸造や魚

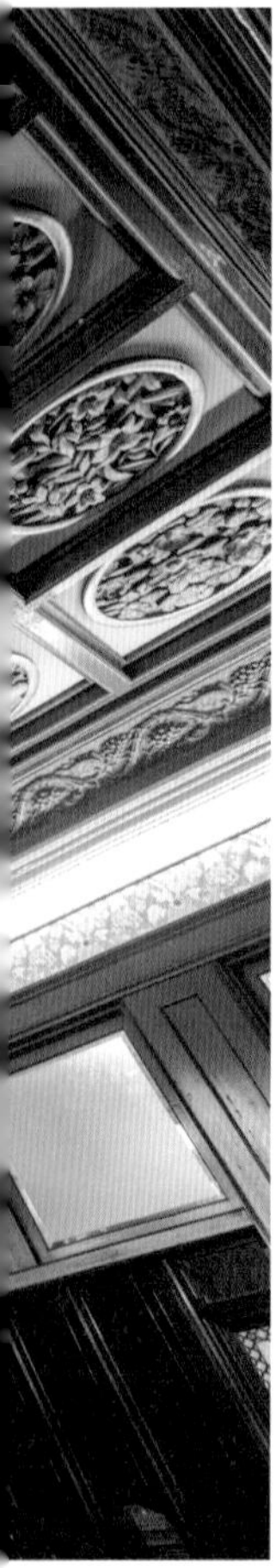

多木化学の「多木浜洋館」。通称、あかがね御殿。1階の大広間は豪華きわまる。格天井には肥料会社らしく鮮やかな植物レリーフが浮き出る。壁面クロスは西陣織だ=加古川市別府町東町

肥を扱う商家の三男として生まれ、20歳で家業を継いだ。1885（明治18）年、獣骨を蒸圧して粉末化することに成功した。獣骨にはリン酸が豊富に含まれる。今でいう化学肥料の元祖だ。1918（大正7）年に多木製肥所を設立し、肥料は国内はもとより海外にも普及した。「肥料王」と呼ばれたその足跡を示しながら取締役上席常務執行役員（2024年3月から社長）の多木

多木浜洋館全景

別府港を背に威容を誇る。銅の壁面は長い年月を経て緑色に変色した。他に比べるものがないとの意を込めて「同比閣」とも呼ばれる＝加古川市別府町緑町から

勝彦（38）は「創業者の精神を今も大切にしている」と話した。本社前には石臼3個をはめこんだ石碑がある。久米次郎による碑文には「獨逸化學博士里美比先生」。農芸化学の父で19世紀最大の化学者の一人、ユストゥス・フォン・リービッヒ（１８０３～73年）のことだ。植物の生育に有効な窒素・リン酸・カリウムの三要素を提唱した。碑文はその徳をたたえる。同時代の播磨の一角で世界の科学技術の先端に感応した先見性に驚く。

加古川が注ぎ込む播磨灘の河口部ではこの時期、次代を拓く産業革命が起きていた。加古川市域では「日本毛織（日毛）加古川工場と稲岡商店各工場および多木製肥所の三者が、おのずと突出した存在として浮かび上がってくる」（「加古川市史」）。高砂市域では１９０１（明治34）年、三菱製紙の前身、神戸製紙所が神戸から移転し、09年には鐘淵紡績高砂工場が稼働した。両岸で勃興する企業群に触発されて地域経済のエンジンが回り出したのだろう。

このあたりには往時のエネルギーを感じさせる洋館が並ぶ。三菱製紙高砂工場の厚生施設、魚町倶楽部は外国人技師長の社宅として工場内に建てられ、その後、現在地に移築された。煉瓦造りの煙突やタイルの意匠など明治らしい優雅な雰囲気に見入る。注目は敷地内にある和風建築だ。明治期にできた連松軒という旅館が前身。社員たちは大広間で宴会を開いた。壁に酒席の心得を説いた岩崎弥太郎の「公会式目」が掲げられているのが三菱グループらしい。一方、カネカ高砂工業所の

厚生施設、出汐館《いでしおかん》は鐘淵紡績の迎賓館としてできた。大きなアールを持つ階段室とステンドグラスが印象的だ。

　一帯は高度成長期の地域開発で埋め立てられるまで美しい海浜がすぐ近くにあった。浜洋館、魚町倶楽部、出汐館。雅趣ある名称を口ずさむと白砂青松の渚の情景が浮かび、潮騒が聞こえてくる。別府の浜洋館の窓から工業地帯を遠望する。同じ場所に立った往時の肥料王はきらめく海にどんな未来を見ていたのだろう。

（加藤正文）

三菱製紙高砂工場・魚町倶楽部

1904（明治 37）年に建てられた洋館は長く厚生施設として使われた。社員らは仕事帰りにビールを飲み、玉突きを楽しんだという＝高砂市魚町

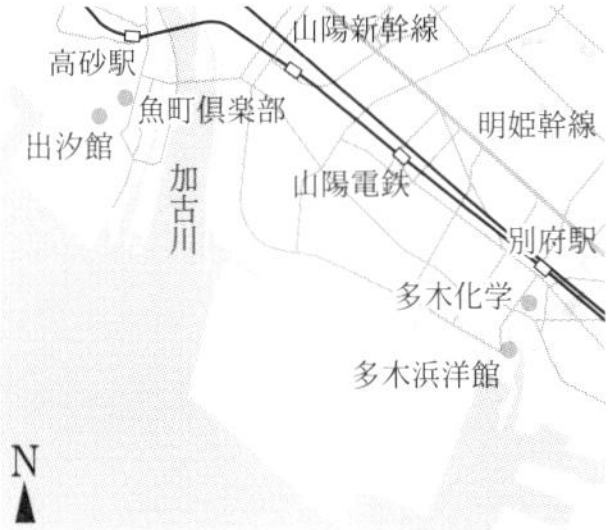

カネカ高砂工業所・出汐館

1936（昭和 11）年、前身の鐘淵紡績時代に建てられた。館内には企業スポーツとして活躍したカネカ野球部、ラグビー部の歴史を伝える展示室がある＝高砂市西畑

多木化学

1885 年創業の先駆的肥料メーカー。大正から昭和にかけて別府鉄道を経営。現在はアグリ、化学品、機能性材料、不動産などの分野で事業を展開している。多木浜洋館は 1918 年着工、中断を挟んで 33 年ごろに完成した。社章「神代鍬（じんだいくわ）印」は昔も今も会社のトレードマーク。

砂糖とコンビナート

神戸東部第4工区

海と工場直結 究極の効率生産

「日本初の食品コンビナート」が神戸東部第4工区にある。高速道路より南側の臨海部の用地56万平方メートルに名だたる食品メーカーの工場が並ぶ。ニップン、J―オイルミルズ、東洋水産、三井製糖（現DM三井製糖）、キユーピー、エム・シーシー食品、東洋ナッツ食品…。高度成長期、

砂山を思わせる原料糖の山。巨大な倉庫は高さ30メートルに達する＝神戸市東灘区深江浜町、三井製糖（現DM三井製糖）神戸工場

食品産業の国際化時代の到来を予測し、神戸市、農林省（現農林水産省）、三井物産が連携して製粉、製油、製糖を中心に企業を誘致した。半世紀すぎた今もコンビナートの機能をいかんなく発揮している。

貨物船から荷揚げされた原料は巨大な荷役機械でコンベヤーに移され、そのままベルトに載って工場へいく。菜種は製油工場へ、小麦は製粉工場へ、原料糖は製糖工場へ。管理・運営する甲南埠頭のサイロの上から見ると、海に向かって立つ怪力の巨人が懸命に荷揚げしているかのようだ。通常の物流だと船からコンテナに移してトラックで工場まで運ぶ。そこから倉庫に入れて生産が始まる。そうした手間は一切なし。着岸してそのまま工場へ。ダイレクトな発想に

感じ入る。

流れるコンベヤーが向かう先の一つが三井製糖神戸工場だ。えんじ色の屋根の大型体育館のような原糖倉庫に入った瞬間、思わず息をのんだ。天井まで優に30メートルはある大空間に褐色の山がそびえる。サトウキビから作られた原料糖だ。豪州から神戸に運ばれた約2万6千トン。太陽光をいっぱい浴びて茎にショ糖を蓄えたサトウキビ。しぼり汁を煮詰め、結晶化したのがこの原料糖だ。

粗い粒をほんの少し口に入れてみる。何という濃厚さ。これがあの繊細な白に変わるのだ。工場長の小泊《こどまり》正明（52）は「約99％の純度を限りなく100％に近づける」。不純物のついた表面を糖蜜で洗い、遠心分離機にかける。取り出した結晶を湯に溶かし、清浄、ろ過、脱色――という具合にさらに不純物を取り除くと、無色透明の糖液になる。これを結晶缶に入れる。ミクロン単位の砂糖の粉を「種」に、真空の状態でさまざまな大きさの結晶に育てる。上白糖なら直径およそ0・3ミリ、グラニュー糖なら0・5ミリ。ラインはすべて中央制御され、高温の真空結晶缶の並ぶ工場は至ってシンプル。最高の精製技術で出来上がった小さなシュガーたちは8面

第4工区は大阪湾に浮かぶ小島（中央）だ。食品コンビナートは南部に集まる。南西部（中央右）に位置する甲南埠頭から原料を輸入する＝六甲山上から

体から15面体ほどの無色透明な粒だが、「雪と同じく光が乱反射するから白く輝いて見える」。

実は20年ぶりの再訪だった。当時の社名は「台糖《たいとう》」。前身は1900（明治33）年に創立された台湾製糖だ。敗戦で台湾の全事業を失った後、戦後すぐの46年に日本で新会社を設立、50年から製糖を再開した。長田区にあった神戸の生産拠点は73年にここ第4工区に移転してきた。2005年に新三井製糖、ケイ・エスと合併し、現社名になった。神戸は戦前、台湾と交易が盛んだった。台湾製糖から連なる120年の歴史がここに生きている。1日の生産能力は同社の3工場で最大の公称千トン。「スプーン印」のブランドで知られる。

第4工区は共同施設管理会社の甲南ユーテイリテイがコンビナート内の企業に熱源となる蒸気を供給するとともに産業廃水を処理している。こうしたインフラが地域の要に位置して効率的な生産を支えている。（加藤正文）

甲南埠頭

ばら積みの貨物船からコンベヤーでサイロ（左）へ運ばれる小麦。輸入された原料糖や菜種、大豆などは効率よくコンビナート内の工場に届けられる＝神戸市東灘区深江浜町

神戸東部第4工区

神戸市東灘区深江浜町。市の海面埋め立て事業で1964～70年にかけて造成された。面積121ヘクタール。土量は1727万立方メートル。土砂源は高倉山。この時期西部第1～第3、東部第1～第4が造成された。第4工区の食品コンビナート第1号は当時の農林省の認定。三井製糖、同じ傘下の大日本明治精糖と合併し、DM三井製糖になった。

尼崎・塚口

消費文化の街に昭和の面影

S・S。アルファベットのSを二つ並べてデザインした赤のシンボルマークがビル上部に見える。尼崎市の阪急塚口駅南側の塚口さんさんタウンだ。3棟がコの字形に並んでいたが、西側の3番館は取り壊され、2022年秋、マンションと商業施設「ソコラ塚口クロス」になった。

さんさんタウンは1978（昭和53）年完成。その存在感は圧倒的だった。市街地再開発事業として駅前広場とバスターミナルの周囲に三つのビルを配し、デッキで結んだ。正面の2番館の壁面にはステンドグラス風の巨大なアート作品、上部に「三菱電機」の文字があった。ランドマークは3番館の屋上にあった観覧車だ。高さ16・8メートル、吊り籠12台。分速11・9メートル。素晴らしい眺めだったが、2007年ごろ撤去された。名前の由来は数字の3（さん）と太陽のサン。S・Sマークだ。ホームページによると3棟のビル、降り注ぐ陽光、そして「自由・平等・博愛の三つの精神」を重ねたという。広場に立つ女神のようなブロンズ像がそれを体現しているのだろうか。

核テナントはダイエー塚口店だ。全国展開に突き進んでいた時代。「全国のダイエーグループの中でも最有力店に成長している」。

阪急塚口駅南側にそびえるさんさんタウン1、2番館（上）。活気のある街並みと調和している＝尼崎市塚口町1から

流通革命の旗手、中内㓛の一文に自信がにじむ。1985年には約2キロ北の塚口本町に「生活遊園地　つかしん」がオープンした。セゾングループの総帥、堤清二の文化とまちづくりの理念が盛り込まれた郊外型ショッピングセンターだ。さんさんタウンとつかしん。ダイエーと西武。バブルへと向かう時代、都市の青春というべき消費文化が塚口の地で花開いた。

時は流れた。人口減と高齢化の中、流通業界は撤退と再編の荒波にもまれ続ける。誕生したばかりのソコラの横にたたずむ1番館、2番館を歩くと昭和の名残が随所に感じられる。スパゲティ店、シチュー店など開業時から続く名店も健在だ。2番館の屋上に出た。冬の青空を背景に北摂、六甲の山並みが一望できる。大阪空港に着陸、離陸する飛行機が手に取るようだ。下を見ると東西を走る神戸線と北に延びる伊丹線。これが街の背骨だとわかる。

尼崎市内に阪急の駅は三つある。園田、塚口、武庫之荘。1日の乗降客数はそれぞれ2万4117人、3万6466人、3万9375人。伊丹線が連なる塚口が最多と思いきや2番目なのだ。神戸線の開通は1920（大正9）年。当時の停車駅は梅田、十三、神崎川、塚口、西宮北口…。塚口駅は100年余の歴史がある。北側に出ると伊丹線のホームを出た電車が絶妙のカーブの軌道をゆっくり走行している。路面電車のようだ。線路沿いには居酒屋や店舗が並ぶ。

歩いていると農村のような雰囲気の一角に入った。塚口本町の岸本吉二《きちじ》商店。1900（明治33）年創業の菰樽《こもだる》メーカーだ。酒の銘柄を印刷した菰で樽を巻く。鏡開きや神社の奉納でおなじみだ。知る人ぞ知る尼崎名産。農家の冬場の仕事から始まり、いま市内の2社が国内シェアの7割ほどを持つ。昔は近郊の田んぼの稲わらで織ったが、近年は合成樹脂製もあるという。歳末の今は生産の最盛期で4代目社長岸本敏裕（61）の下で職人たちが熟練の手さばきで作業している。農の営みが盛んだった往時の面影を見るかのようだ。

「にわか雨　池田伊丹に　足がはえ」。急な雨に遭った人が呉春か白雪か酒の銘柄の菰をまとって走る様子を詠んだ江戸期の川柳だ。工場を出るとマルーン色の阪急が時空を超えて走りすぎていった。

（加藤正文）

塚口

付近には塚口古墳群に属する古墳が点在しており、地名もそこに由来するとされる。1919（大正8）年に塚口土地が設立され宅地開発が始まり、翌20年の阪急神戸線と伊丹線開通と同時に塚口駅ができた。阪急も住宅地分譲に乗り出した。

塚口駅南側

さんさんタウン前のロータリー。上空歩廊（左）で1～3番館をつないだ。2022年11月に開業した商業施設「ソコラ塚口クロス」（中央）は旧3番館＝尼崎市南塚口町2

阪急伊丹線

塚口駅発着時、電車は速度を落としゆっくりとカーブを曲がる。ゴトゴトと懐かしい音が響く＝尼崎市塚口本町1

菰樽づくり

1900年創業の岸本吉二商店は江戸時代以来の酒造文化を伝える＝尼崎市塚口本町2

グレーター真野

神戸・長田

神戸支える共生のエネルギー

パイプとタンクの森を歩いているようだ。鈍い銀色の管が縦横に走り、タンクや塔、ボイラーが林立する。兵庫運河沿いのミヨシ油脂神戸工場。現代の超ハイテク工場とは異なる、伝統のものづくりの温かさが漂う。場所が放つ力なのか、時空を超えた先人のざわめきが聞こえてくる。

マーガリンやショートニングなどの食品部門、グリセリンなどの工業用油脂類の部門に分かれる。「原点は石鹸」と工場長の有井伸行（58）が言う。日本の油脂工業は石鹸に始まり、明治末期から大正初期にかけて硬化油、脂肪酸、グリセリン工業が勃興した。構内の一角に石鹸の工場もある。

「油脂工業史」（1972年）をひもとくと源流は1915（大正4）年6月に開設された鈴木商店の硬化油工場だ。石鹸やマーガリンなどの原料となる。脇浜で研究を重ね、ここ苅藻島の対岸で工業

運河沿いに立地するミヨシ油脂神戸工場。蒸気や原料油を運ぶパイプが縦横にめぐる＝神戸市長田区苅藻通７

化に道を開いた。工場は曲折を経て日本油脂となり、59年にミヨシ油脂が買収した。「硬化油工業発祥の地」で続く生産は１００年を超す。阪神・淡路大震災の際はボイラーが稼働すると従業員用の風呂を住民に開放した。スローガンがいい。ミヨシの「ヨシ」をかけて「人によし、社会によし、未来によし」。

　このあたりを歩くと住商工が混然一体となって地域と溶け合っているのが感じられる。「グレーター真野《まの》のちから」（２０１１年）と題してかいわいの近代産業史を書いた和田幹司（故人）は真野地区を幅広いエリアで捉えた。「長田区役所もアグロもホームズスタジアム神戸（当時）も『真野』です」という把握がわかりやすい。グレーターはロンドンやパリに倣ったというから壮大だ。

真野地区は1960年代の公害反対運動を機に住民自治組織によって自主的なまちづくりが進められた。82年には神戸市と第1号の「まちづくり協定」を締結。大震災の際、その力が発揮され、救助や避難所運営、復興まちづくりの一連の活動は地域防災史に残るだろう。当時発行されたニュース「真野っこガンバレ！！」の温かな筆致は時をへても光を放つ。

ゴムベルトメーカー、三ツ星ベルトは住民と協力してバケツリレーで火災の延焼を食い止めたり、会社の体育館を避難所に開放したりと地域の一員として活動した。特筆すべきは震災に先立つ約2年前に神戸ハーバーランドに移転していた本社を2000年に真野に戻したことだ。地下鉄の苅藻駅に「住民と企業が共生する〝真野のまち〟へようこそ」と大書したパネルを掲げているのもこの震災経験があるからだろう。

真野地区の産業集積は実に幅広い。ゴム、ケミカル、マッチ、機械、製粉、製糖、製油、菓子…。注目は食肉の流通拠点、神戸市中央卸売市場西部市場だ。各地の銘柄牛、豚が集まり、食肉処理され、枝肉となって出荷される。1920（大正9）年開設の市立屠場《とじょう》からなので歴史は100年を超す。衛生管理された場内で活気あふれる競りが続く。「神戸ビーフ」「お願いします」のかけ声で競りが始まる。応札機を手にした買参人《ばいさんにん》たち。電光掲示板の値段がみるみる上がっていく。窓から見える脱骨作業の手際も実に鮮やかだ。

神戸を支えてきた真野のちから。阪神・淡路大震災の奮闘とともに「グレーター」という形容こそふさわしい。

（加藤正文）

ずらり並んだ神戸ビーフなどの高級肉。競りを前に買参人が肉質をチェックしている＝神戸市長田区苅藻通７、神戸市中央卸売市場西部市場

三ツ星ベルト

本社併設のレストランは、三ツ星と真野のＭで「エムエムコート」。同社の拠点のある国の旗がはためく＝神戸市長田区苅藻通５

真野の街並み

狭い道の両側に肩を寄せ合うように住宅が立ち並ぶ＝神戸市長田区東尻池町５

真野

万葉集に高市黒人（たけちのくろひと）「いざ子ども　大和へ早く　白菅（しらすげ）の　真野の榛原（はりはら）　手折りて行かむ」がある。神戸市真野地区の地区計画によると長田区東尻池町３～９、浜添通１～６、苅藻通２～６、７の一部。より広範囲にとらえて真野と呼ばれる。

神戸・ポートアイランド

再生期す都市 青春の面影

ポーアイ。口にすると軽やかな響きだが、造成に投じられたエネルギーはすさまじい。第1期は面積443ヘクタール、投入土砂は8千万立方メートル。第2期は面積390ヘクタール、土砂は9200万立方メートル。六甲山を削った土で自治体が海上に都市を造る。「山、海へ行く」は明快な例えだが、西神から須磨海岸へ土砂運搬用のコンベヤーが動いた当時全長14・5キロの

神戸ファッションタウンを担った企業のビル群には明かりが消えた建物もある。手前の緑地には大型スーパー「バンドール」があった＝神戸市中央区港島中町6

トンネルに降り立つと、暗闇の向こうから轟音とともに山の土が絶え間なく流れてくる光景が浮かんだ。

六甲山系と瀬戸内海。環境、生態系保全の現代では想像を絶する規模の巨大開発だ。「新しいシンボルゾーンの創造であり、神戸の期待をすべてこの島にかけたといっていい」（宮崎辰雄「神戸を創る」）。当時の市長宮崎の気迫に感じ入る。

完工の1981（昭和56）年は日本の都市史に刻まれている。ポートライナー、ポートピア81、立ち並ぶパビリオン、押し寄せる人の波。博覧会には破格の1600万人が入場した。まさに都市の青春だった。それから40年余りが過ぎた。ピーク時2万人の人口は阪神・淡路大震災以降、1万5千人に減少したままだ。高齢化は急速に進み、

中でも20〜30代の減少幅が大きい。ニュータウンに共通する課題だが、ポーアイは輝きが強烈だった分、影も色濃い。

祝祭の中心だった市民広場へ。南欧風の柱廊が取り囲む中央広場の周囲にはホテル、国際交流会館、ファッションタウン…。国際とファッションは神戸の都市イメージそのものだ。ファッションタウンを見て歩く。しゃれた意匠のビルになじみのロゴマーク。ネービーブルーのWはワールドだ。ジャヴァグループ、アバン、アシックス、TOA、大月真珠、TASAKI、シャルレ、ユーハイム、UCC…。建物は往時のままだが、何かが違う。ざわめき、熱気が感じられない。みんなどこへ行ったのだろう。街開きは1989年。鬼塚喜八郎、木口衛、畑崎広敏、田崎俊作、細川数夫…。戦後の神戸から身を起こした創業者たちが「ファッション産業の集積地を」と集まった。30年が過ぎ、業界は再編・淘汰の嵐にもまれ、地区の就業者数は半減。空きビル、新興宗教の施設も目に入る。

市が取り組むのが「リボーンプロジェクト」だ。リボーンとは生まれ変わり、再生。建築家で東京芸大准教授の藤村龍至は公共空間や建築の緑化による新しい自然風景のイメージを描き、「山、再び海へ」のプランを提唱した。ポートアイランドからパークアイランドへ。2031年の博覧会開催も盛り込まれた。

変化することで成長してきた神戸。港湾都市、ファッション都市、コンベンション都市、医療産業都市。次は国際空港都市だろうか。その先駆性で日本の都市政策をリードしてきたが、原点は1972年の人間環境都市宣言だ。平和、貧困からの解放、人間尊重の技術革新と開発、都市問題の解決という理念がそこにある（宮崎前掲書）。今日のSDGs（持続可能な開発目標）の先駆けといってよい。

公共デベロッパーの輝かしい到達点を示す

ポーアイ。転換期を迎えた今、都市を有機体ととらえ、維持管理しながら住み心地よき人間の街として見つめ直すときなのだろう。

♬ポートピア　ザ　シティ　オブ　ライト　アンド　ウェイブズ。ゴダイゴの歌ったポートピア博のキャンペーンソングは光と波を強調しながら目指す都市像を織り込んでいた。

♬愛という名の花を咲かせよう／夢と名付ける森を育てよう／時は過ぎ人はうつり時代は変る／それでも都市《まち》は生きる

（加藤正文）

ポートアイランド

建設は第1期が1966～81年、第2期が1986～2009年。１期の西側では大学群が整備され、約１万人が学ぶ。２期では医療産業都市構想が推進されている。空港島には神戸空港。2025年に国際チャーター便、30年前後に国際定期便の就航が決まった。

ポートアイランド中央緑地

芝生が広がり下水を高度処理した小川には魚が泳ぐ。人がつくった自然の風景が花開いている＝神戸市中央区港島南町1

住宅街

1期地区の中央部に集まる高層住宅群。入居から40年以上が経過し高齢化が進む＝神戸市中央区港島中町3

ポートアイランドなどの埋め立て用土砂を運ぶベルトコンベヤーが設置されていたトンネル。数キロに及ぶ直線が続く＝神戸市西区

関西国際空港の第１ターミナル

国際化が視野に入った神戸空港

ビル群や住宅街の近くにある大阪空港

第六章

鉄道と空港の風景

近代都市は交通によって発展してきた。高度に分業化されたネットワーク社会は交通・通信なくして一日たりとも機能しない。阪神・淡路大震災から２０２５年で30年。ターミナルは変貌の時期を迎え、関西、伊丹、神戸の関西3空港もまた飛躍の時にある。駅や空港を行き交う人々、近隣の住民たち。歴史に刻まれた哀歓に寄り添う。

宵闇に溶け込む修羅の歴史

神戸駅

夢の終点と起点

海港都市神戸の海の玄関口が神戸港だとすると、陸の玄関口はＪＲ（元・省線）神戸駅（東海道線の終点にして山陽線の起点）である。宵の時分、神戸駅の山側広場を湊川神社方面に歩いてから駅舎をふり向くと、鉄筋コンクリートタイル張りの正面玄関の上に、ライトアップされた窓や時計、ＫＯＢＥ　ＳＴＡＴＩＯＮの文字プレートなどが視界に飛び込んでくる。それは、いまひとつ活気なく寂れている広場の雰囲気と対照的で、まるで闇の中に浮かび出た蜃気楼のようだ。この不思議な印象は、幾重にも修羅をくぐり抜けてきた神戸の近代史の不思議さと通じているのかもしれない。

　神戸駅が立地する場所は、明治政府が開港後、福原遊廓を設置した地である。数年後、政府は遊廓を撤去し、関西の基幹路線である大阪・神戸間の終着駅をつくった。また、北に隣接する楠木正成の墓碑跡に湊川神社を創建した。やがて神社正門の前を元町・相生橋から湊川新開地に至る多聞通が開通した。他方、正門から駅に至る街路

神戸駅の高架下は時代を感じさせる雰囲気を宿す。名もなきドラマが生まれては消えた＝神戸市中央区相生町 3、4

には大黒座などの芝居小屋が立地し、明治期の神戸芸能の揺籃《ようらん》をなすようになる。

日清日露戦争の時代、神戸駅周辺はナショナリズムの震源地の一つだった。出征兵士たちは神戸駅を通過する際、楠公の方角を向いて遥拝し、戦地に赴いたとされた。凱旋行列が行われ、浪曲師・桃《とう》中軒雲《ちゅうけんくも》右《え》衛門《もん》が人気を博した。しかし、海港の歴史はポリフォニック（多声的）である。

英字新聞「神戸クロニクル」記者のラフカディオ・ハーン（小泉八雲）は、日清戦争のころ、門付けにやってきた貧しい瞽女《ごぜ》の甘美でせつない声に魅入られる。そして、25年前の夏の宵にロンドンの公園で見知らぬ少女の声をきいた時の「胸の緊《し》めつけられるような」体験を思い出し、エッセー「門付け（Ａ Ｓｔｒｅｅｔ Ｓｉｎｇｅｒ）」を書いた。彼にとっては、時空を隔てて交差する女性たちの声音が呼び起こす「個人的なものを超えた」深い愛情の方が、勝利の凱歌よりも重要だったのである。

その後も神戸駅周辺は激動の近代史の舞台であり続けた。１９００（明治33）年、沖縄の民権運動家・謝花《じゃはな》昇は、度重なる挫折の果てに故郷を追われ、内地に職を得るための旅の途上、神戸駅頭で精神的な発作を起こした。彼は数年後に死に、忘れられるが、60年代、近代沖縄の悲劇的な先駆者「東風平《こちんだ》・謝花」として蘇ることになる。日露戦後の講和反対運動（伊藤博文の銅像を引き倒した）や、18（大正7）

神戸駅

東海道線の終点にして門司駅まで延びる山陽線の起点。1874年開業。1930年、3代目の現在の駅舎に改築。92年、浜側に開発された神戸ハーバーランドに通じる地下自由通路を新設。活気があるのは浜側の街だが、正面玄関は山側を向いている＝神戸市中央区相生町3

境界表示

神戸駅構内の線路上に示されている。東海道線と山陽線の境界を示す＝ JR 神戸駅年の米騒動、21年の川崎三菱大争議では、多聞通が重要な役割を果たした。第二次大戦後、駅北側・相生橋以北の高架下には闇市（「モトコー」）が、南側の高架下には罹災者の集住地区（「地獄谷」）が形成された。西側の多聞通以南・古湊通周辺の区域は占領軍に接収され、黒人兵士向けの「ウエストキャンプ」に変貌している。

敗戦10年後の1955（昭和30）年、野村芳太郎監督の映画「亡命記」が神戸で製作された。親日派の中国人医学生を恋人に持つ（岸惠子扮する）女性が、敗戦後戦犯とされた恋人と生き別れて日本に帰り、再会を誓った神戸駅で彼を待ち続ける話である。野村監督は、デ・シーカ監督の映画「終着駅」（53年）を意識しつつ、歴史の負荷に苦しむ男女の戦後の浮沈を、神戸駅とその周辺の街を背景に描き出したのである。

神戸駅と周辺の街の記憶は、歴史の中を震えながら生き抜いた人々の夢の終点・起点として、私たちの足元にひっそりと息づいている。

（樋口大祐）

神戸駅構内の水飲み器

1930年の駅舎改築の際設けられた。その後約60年間使用され、旅人たちの喉を潤した。現在は構内に展示されている＝JR神戸駅

湊川神社

南北朝時代の武将楠木正成をまつり、「楠公さん」と親しまれる。神社は1872（明治5）年の創建。境内に楠木正成墓碑があり、徳川光圀による「嗚呼忠臣楠子之墓」の銘が刻まれている＝神戸市中央区多聞通3

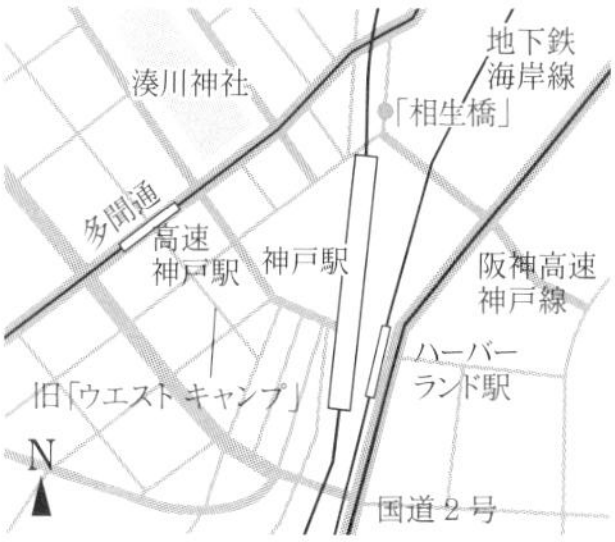

阪急・神戸市内線高架橋

アーチに宿る モダンの精神

三宮へ向かう阪急は神戸市灘区の王子公園駅の手前で高架に切り替わる。そこからカーブを描きながら中央区割塚通でＪＲの高架と並ぶ。合流した河川のように軌道は目的地の三宮へ流れ込む。全長３・３キロの高架橋が80年以上にわたって演出してきた高速鉄道のドラマだ。阪急沿線広しといえどもＪＲ在来線と高架で並走するエリアはここだけだ。

王子公園駅の西改札口を出ると目に入るのは原田拱橋《きょうきょう》（全長65・５メートル）という鉄筋コンクリートのアーチ橋だ。クラシックかつスタイリッシュ。「アーチの額縁の中に緑の六甲がある。まさに神戸へ入る門」と話すのは阪急電鉄技術部課長の佐藤亮（53）。施設計画担当で１９９５年の阪神・淡路大震災時は入社１年目。橋上を歩いて被災状況を調べた。「機能、力強さ、景観。用・強・美を併せ持つ建築に先人の設計思想の偉大さを感じる」

コンクリート博士の異名を持つ建築家阿部美樹志《みきし》（１８８３〜１９６５

神戸市中央区割塚通１、２（中央）で合流し、ともに三宮方面に向けて延びる阪急とＪＲの高架線＝神戸市灘区から

年）。その足跡を追った力作「鐵筋《てっきん》混凝土《コンクリート》にかけた生涯」（江藤静児著、93年）は土木と建築の世界で活躍した姿を伝える。欧米留学から戻った後に取り組んだ東京―万世橋間の高架橋（19年完成）で名をはせた。その後、各地で鉄道整備が進む中、高架橋の建設が広まった。

阪急の総帥小林一三と信頼関係があり、グループの設計を数多くこなした。阪急ビルディング（阪急百貨店うめだ本店）、西宮球場、阪急会館（旧神戸阪急ビル東館）…。この阪急会館はしゃれた照明塔と電車が出入りするアーチが三宮のランドマークだった。「優美な弧を描くアーチの造形を構造美の最上位に位置づけていたのではないか」（小野田滋「阿部美樹志とわが国に

おける黎明期の鉄道高架橋」『土木史研究』）という指摘に感じ入る。

原田拱橋から高架に沿って歩くと二つのアーチに出会う。小ぶりだが愛らしい灘駅前拱橋（全長25メートル）。細部には石積み橋の迫石《せりいし》を模した装飾が施されている。随所に光る阿部のまなざし。さらに行くと灘拱橋（同49・07メートル）だ。すぐそばの歩道橋の上から見ると道路と斜交した感じがたまらない。街を分断し、殺風景になりがちな高架をどう人々の生活や景観になじませるか。阿部の知恵と工夫は並大抵ではなかっただろう。

今から100年余り前、1920年に開通した当初の神戸線は梅田―上筒井（灘区）間だった。「神戸市のビジネス・センター」（「京阪神急行電鉄五十年史」）である三宮への乗り入れは悲願だった。紆余曲折を経て16年後、高架橋によって梅田―三宮間がつながった。その「終端駅」でもある阪急会館は先の大震災で失われたが、原田拱橋など三つのアーチに阿部が込めたモダン都市の精神が宿る。2020年、土木学会は高架橋を土木遺産に認定した。

高架といえば気になるのが高架下だ。王子公園駅近くの老舗ソース会社、平山食品を20年ぶりに訪ねた。1957（昭和32）年の創業時、王子公園の「王子」を意味するプリンスを商標にしようとしたが、登録済みだったため女性形のプリンセスソースにした。そんなエピソードを話してくれた創業者の平山久夫は死去し、長男の普康《ひろやす》（50）が継いでいた。自身は生まれも育ちも店舗兼住宅の高架下だ。「電車の音は全然気にならない。震災後、運行再開したときにガタガタいう音を聞いてうれしかった」

交通を支える鉄軌道の下で営まれてきた人々の暮らし。これぞ都市の背骨といえるだろう。

（加藤正文）

灘駅前拱橋（手前）の迫石を模した装飾が夕日に浮かび上がる。奥は灘拱橋＝神戸市灘区城内通５から

優美な円曲線

高架橋のコンクリート上部には、優美な円曲線が取り入れられている。高架下には住居や商店も数多い＝神戸市灘区城内通４

原田拱橋

神戸の「東ゲート」のようなたたずまいの原田拱橋。モダンな外観は今も昔も西灘のランドマークだ＝神戸市灘区城内通４、王子町１

神戸市内線高架橋

神戸市灘区―中央区の3.3キロ。1936年4月1日に開通した。これに伴い従来の上筒井―西灘間は上筒井支線として運行したが、40年に廃止された。文中の平山食品は灘区城内通５。
TEL 078・861・4050

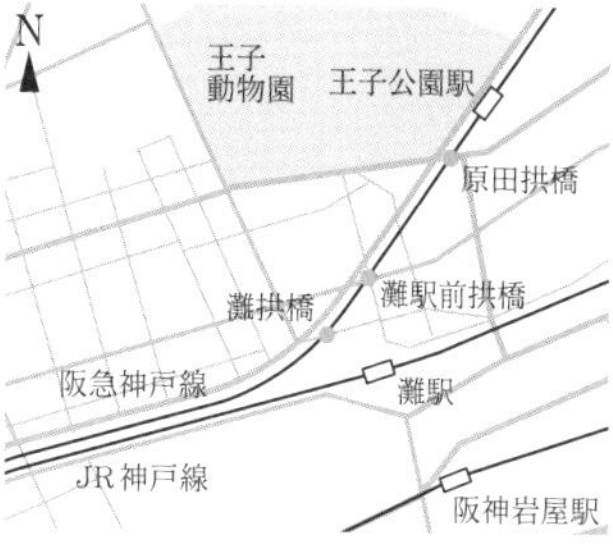

向かい風の朝

関西3空港

時代のうねりを超えて

空港をイメージした歌は幾つもある。中森明菜「北ウイング」(1984年)は成田、桂銀淑・浜圭介「北空港」(87年)は新千歳、テレサ・テン「空港」(74年)は別れの情景が切ない。ターミナルのざわめき、発着案内、外国語のアナウンス…。ロマンチックな歌が似合う空間だが、関西で歴史と現状をみると一気に超ドライな世界に引き戻される。

これほど激しく時代のうねりに揺さぶ

午前7時から午後9時まで次々と離着陸する大阪(伊丹)空港。旅客機がごう音を響かせながら猪名川の土手を飛び越えていく＝伊丹市中村から

られたプロジェクトはそうないだろう。大阪（伊丹）空港の開港は1939年、関西空港は94年、神戸空港は2006年。80年余にわたる航空史で最大のヤマ場は1969年の大阪空港訴訟だろう。大型化・ジェット化に伴う騒音が生活環境を破壊し、広範囲に恒常的に被害を与えた。周辺住民が国を相手取った訴訟は戦後の公害事件で初めて最高裁判決を受けた。その後の政策はこの時期の合意を軸に進んでいく。

高度成長期、増大する航空需要に騒音と狭隘《きょうあい》の伊丹では対応できない。代替の大規模空港が必要だ。ではどこに造るか。当時の運輸省などは候補地としてアクセスがよく国際港湾都市である神戸の沖を最有力とした。しかし、公害反対運動が盛り上がる中、民意に押された形で当時の神戸市長宮崎辰雄

は反対を表明。1974年の航空審議会は「大阪国際空港の廃止を前提として」、その位置を「泉州沖の海上」とした。

関空は民活第1号として国直轄でも公団組織でもなく株式会社でスタートした。地盤が沈んだため工費が膨らみ、結果、高い着陸料と巨額の累積債務となって経営を圧迫した。廃止のはずの伊丹は一転、存続となる一方、神戸は阪神・淡路大震災後の渦巻く賛否を超えて悲願として市営で誕生した。関西3空港時代に入ったが、経営難、環境対策など課題が山積、いつしか3空港問題と呼ばれるようになった。

2010年代になり風向きが変わった。LCC(格安航空会社)の登場と民営化だ。ピーチやジェットスターなどがシェアを伸ばし、飛行機は気軽に乗れる存在になった。民営化によって路線拡充や商業運営、地域連携に長《た》けた空港オペレーターが参入。3空港はいま関西エアポートの運営だ。内外200の空港を訪ね、金融マンとして民営化に携わった齊藤成人《なるひと》＝芦有ドライブウェイ副社長＝は「かつては騒音を発生させる迷惑施設、地方財政を圧迫する施設だった。長く続いた負のイメージを払拭し、新時代に飛びたつチャンスが来た」

晴れ渡った秋の朝。海に浮かぶ関西空港を訪ねた。オープンパラレルと呼ばれる2本の滑走路では飛行機が同時に離着陸できる。コロナ禍前の2019年度は発着回数19・6万回、旅客数2877万人。7割が国際線の旅客だった。いま水際の制限緩和を受け、復便、増便が相次ぐ。

ベイ・シャトルで海を渡って23キロ先の神戸空港へ。官民トップでつくる3空港懇談会は先月、万博の2025年に国際チャーター便を受け入れ、30年前後に国際定期便を就航させることで合意した。コロナ後を見据え、

「公害のない」海上空港で国際需要を取り込む意思が感じられる。

　夕闇迫る頃、大阪空港周辺を歩いた。川西市など飛行ルートでは今なお環境基準を超す地点がある。運用時間は訴訟の成果である午前7時〜午後9時。日が暮れると飛行機は門限をにらんでひっきりなしに離着陸していく。

同9時。大気を震わすエンジンのごう音が消え、夜のしじまに穏やかな雰囲気が戻った。民意は静かに地下に潜み、ときにマグマのように噴出する。向かい風の歴史を刻んできた3空港は新しい朝、どんな飛行を見せるだろう。

（加藤正文）

空港の記録と文学

佐藤章「関西国際空港」は関西復権を目指したキーマンたちの動きが詳しい。住民の立場から論じたのが加藤恒雄編著「『公共性』をめぐる攻防」。近年の空港の変化は齊藤成人「最高の空港の歩き方」。文学では空港競争を描いた堺屋太一の小説「向い風の朝」、大阪空港周辺地区を舞台にした鄭義信（チョン・ウィシン）の戯曲「焼肉ドラゴン」は映画、小説になった。

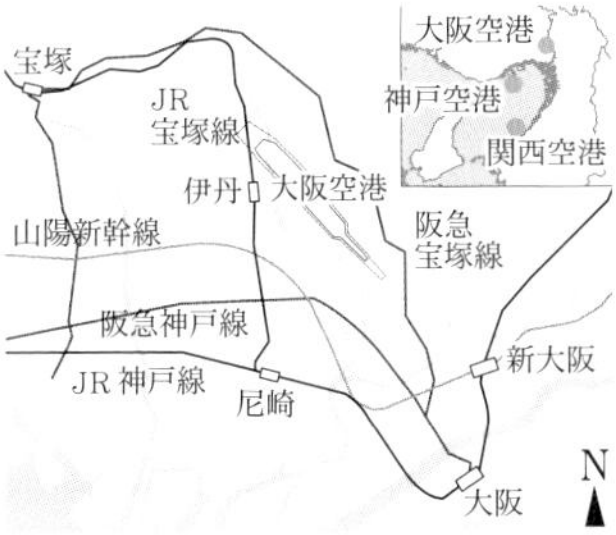

大阪湾を挟んで向き合う関西空港（上）と神戸空港。海上空港の特性を生かし、エアライン誘致に力を入れる＝神戸市灘区摩耶山町から

機影と轟音の下で

大阪空港周辺

「明日はええ日」を信じて

住宅地のあちこちにフェンスに囲まれた空き地が虫食い状に広がっている。川西市南部の久代《くしろ》地区。不動産会社の分譲地ではない。区画の隅には「運輸省用地」と刻まれた石柱。上空では大阪空港を離陸した飛行機が迫力ある機影で通り過ぎる。轟音が近づき、ピークとなり、遠ざかる。発着制限は1日370回。騒音の波は午前7時から午後9時までひっきりなしに繰り返される。この空き地は移転補償跡地なのだ。騒音被害に苦しんだ住民の土地を国が買収したのは同市、伊丹市で計約千件、36ヘクタール。当時、住民たちはどんな思いで住み慣れた土地を離れたのだろう。

「空港は民営化されたけど音はうるさいよ」。親の代からここで暮らしてきた宮路尊士（81）＝川西市南部地区飛行場対策協議会会長＝は騒音とともに人生を送ってきた。大阪空港は1939（昭和14）年に開港。戦時体制が進む中、整備拡張工事で軍用空港になった。敗戦後、45年9月に

大阪空港周辺では飛行機を大写しできる撮影場所が多い。住宅地が入るアングルは騒音問題も内包する＝伊丹市藤ノ木1から

米軍が接収し、「イタミ・エアベース」（伊丹航空基地）として戦闘爆撃機隊が駐屯した。返還は58年。国際空港を目指したが、曲折はその後も続く。64年にジェット機が就航すると、「騒音の被害は航空技術関係者が考える以上のものであった」（「伊丹市史」）。激しい公害反対運動が起きた。

周辺地区を舞台にした戯曲が鄭《チョン》義信《ウィシン》の「焼肉ドラゴン」だ。時代は大阪万博の1970年前後、空港近くの国有地に在日コリアンが肩を寄せ合って暮らす。ホルモン店の6人家族と店に集まる人々の群像劇は轟音が国家と個人の関係を暗示するように響く。戦争で左腕を失った龍吉、英順の夫婦は家族のために懸命に働く。やるせない恋に苦しむ3姉妹、いじめを苦に自殺する息子。「アイゴー」。飛行機が英順の嘆きをかき消すように飛び去り、舞台は暗転する。その後、市役所から立ち退きを迫られ、人々はそれぞれの道を歩み始める。龍吉は言う。「たとえ、昨日がどんなでも、明日はきっとええ日になる…」

物語は鄭が取材で得た史実を基に構成される。九州の炭鉱が閉山になった時、働いていた在日の多くが大阪空港の滑走路建設に移ったという。伊丹市史によると戦時中から軍用飛行場の建設のために多数の朝鮮人労働者が集められ、「下河原・中村・東桑津飛び地等の猪名川沿いに居住し、劣悪な居住・労働条件にたえて飛行場建設に貢献した」。鄭は作品解説でつづる。「日本の裏側の経済は、名も無き労働者や、庶民に支えられ、歴史が動かされてきた」

高度成長期の日本経済をけん引した公共事業の大義に異議を突きつけたのが1969年の大阪空港訴訟だった。四大公害事件は死者を出すほどの大気や水の汚染が対象だったが、空港騒音は日常の生活環境を破壊し、被害は広範な住民に及んだ。当たり前の暮らしを求める住民の環境権か、航空事業という交通の公共性か。住民運動は盛り上がり、川西市、大阪府豊中市の住民が国を相手に訴訟を提起し、夜間飛行の差し止めと騒音対策の促進を求めた。大阪空港は関西空港ができた段階で廃止となるはずだったが、その後の情勢変化で存続のまま今に至る。

「プロペラ公園」という高台の公園に立った。離陸航路直下の移転補償跡地だ。騒音との闘いの歴史を後世に伝えたいという住民の意思で名付けられた。日本の公害史の画期をなした空港訴訟の判決から40年余り。運営権は関西エアポート会社に売却され、国の責任があいまいになった印象だ。周辺の騒音値は基準を超えた地点が目立つ。関西3空港時代の明日はどんな日になるのだろう。

（加藤正文）

緑のフェンスで囲まれた移転補償跡地が虫食い状に広がる。敷地内には「運輸省用地」と書かれた石柱が立つ＝川西市久代5

移転記念碑

「焼き肉ドラゴン」の舞台となった大阪空港（後方）北西部の隣接地。移転事業の経緯を記す石碑が立つ＝伊丹市中村

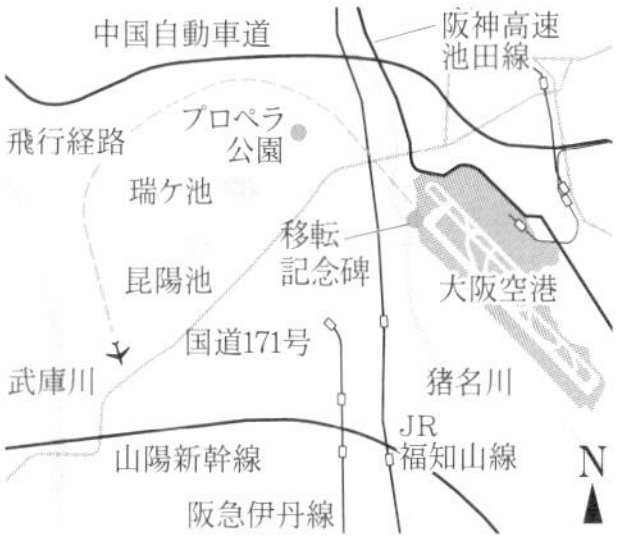

プロペラ公園

移転補償跡地にできた公園。騒音問題の長い歴史を後世に伝えるためYS11型機のプロペラが置かれている＝川西市久代5

「焼肉ドラゴン」

2008年初演。戦後社会の激動に翻弄された人々の悲しみと希望を描いた劇作家鄭義信の3部作の一つ。ほかは「たとえば野に咲く花のように」（07年）、「パーマ屋スミレ」（12年）。鄭は1957年、姫路市生まれ。

コロナ禍が収まり神戸港に戻ってきた客船

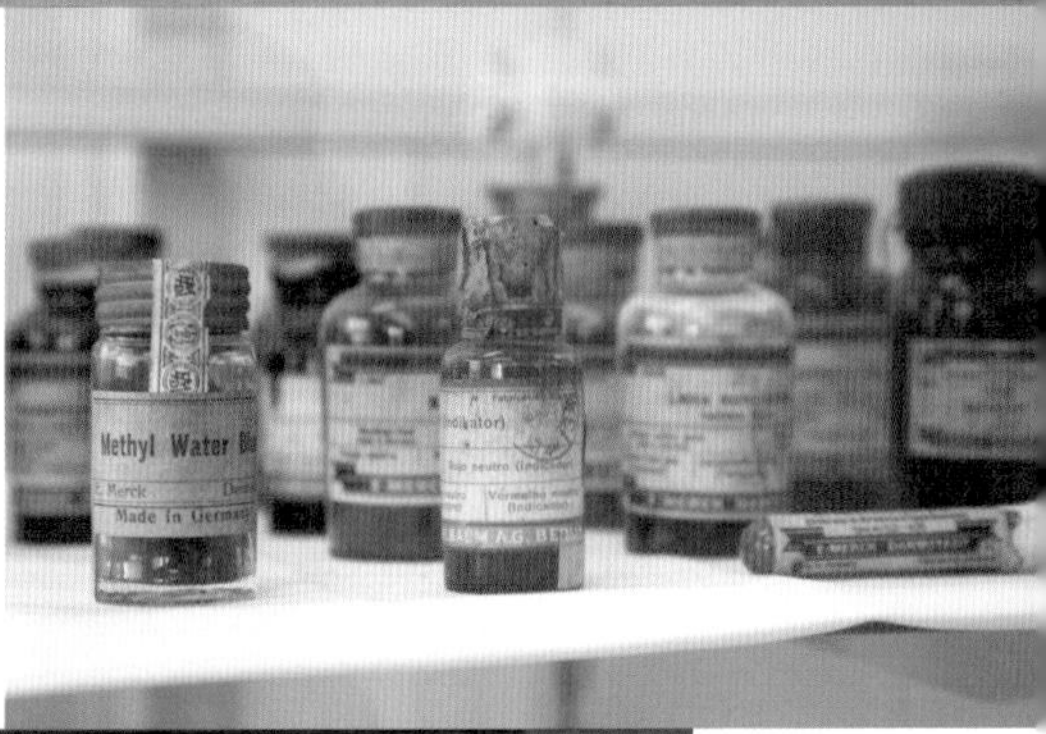

神戸検疫所の歴史資料室
に展示されている医薬品。
疫病との戦いを物語る

有馬温泉の天神泉源

第七章 コロナ禍の風景

新型コロナウイルス感染症で街が凍りついた期間を終生忘れないだろう。緊急事態宣言、休校、休業…。古来、海港都市はコレラやペスト、チフスなど伝染病の脅威にさらされてきた。ある日、思い立って有馬温泉へ。湯船にあふれる赤茶けたお湯が傷や病を癒してくれたように、当たり前だった懐かしく親しい風景の記憶がよみがえる。

コロナの時代の愛

神戸・有馬

病者を癒やす再生の霊場

2015年に公開された濱口竜介監督「ハッピーアワー」は、5時間20分という長い時間をかけて、37歳の女性四人（あかり、純、芙美、桜子）の人生の襞《ひだ》を丁寧に追っていく映画だ。映画は冒頭、霧が立ち込める摩耶山掬星《きくせい》台で四人がピクニックを楽しむシーンから始まる。家庭や職場に、人知れぬ悩みを抱える四人が再び集まるのが中盤の有馬温泉のシーンだ。昼間、鼓が滝で記念写真を撮った彼女等は夜、旅館で麻雀《マージャン》（！）をしながら、お互いにそれぞれの心の奥をそっと覗きこむ。その後、「ずっと知ってたのに、初めて知ったような気が」した四人は、おどけながらお互いぎこちない挨拶を交わし、人生のかけがえのない瞬間（ハッピーアワー）を共有するのである（その後、四人はおのおのの試練の中で、

温泉寺の隣から延びる湯泉（とうせん）神社参道。夕暮れ時は湯の町らしく灯籠に明かりがつく＝いずれも神戸市北区有馬町

巨大な釜を思わせる御所泉源は夜間ピンク色の照明を浴びていた。63.9度の湯が側面のパイプを通して各宿泊所に送られる

生き直すための一歩を踏み出すことになる)。

神戸電鉄有馬温泉駅を出て右手の坂道を上り、右折して商店街を直進すると、土産物店の若狭屋のある三叉路に至る。前を流れる滝川を遡行《そこう》すると鼓が滝に至り、清冽な二筋の白い流れが淡い虹色の環を現出させている。若狭屋の手前で左折し、金の湯の裏手の細い階段をつたって小高い丘にたどり着くと、そこは温泉街全体の起源をなす温泉寺だ。

「温泉寺縁起」によれば、奈良時代、行き倒れの病者に遭遇した行基が、病者の望みにより彼の膿みただれた皮膚を吸ったところ、薬師如来が顕現したことが建立のきっかけだったという。12世紀には薬師十二神将にちなんだ坊舎が建てられ、湯女《ゆな》も登場し、薬効を求めて貴顕が足しげく通う霊場になった。その後、16世紀末には天下人となった豊臣秀吉によって整備され、現在、有馬の歴史といえばつねに太閤の名が引き合いに出されるほど、イメージ上の両者の結びつきは強くなっている。

しかし、有馬は決して単なる天下人の保養地だったわけではない。小田実「民岩《みんがん》太閤記」は、秀吉が引き起こした朝鮮侵略戦争に巻きこまれる有馬育ちの兄妹の物語である。身のこなしの敏捷な妹の「ミン坊」は侵略された平壌府の妓生出身の女性と行動を共にし、ついに殺される。書名の「民岩太閤記」の「太閤記」は豊臣秀吉の一代記のジャンル名だが、

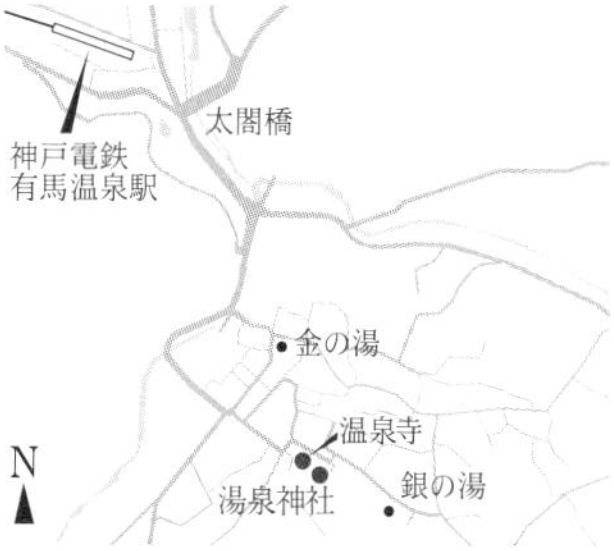

足湯「金の湯」前の足湯は外国人観光客に人気を集める

温泉寺の鬼瓦
境内の一角に集められている。瓦を葺き替える際に蓄積されてきたものだという

「民岩」は日本に抑留された朝鮮文人の回想録（姜沆《カンハン》「看羊録《かんようろく》」）からとられており、物語全体の雰囲気は「太閤記」よりも、「洪吉童伝」等、朝鮮に多い義賊たちの物語に似ている。

「温泉寺縁起」の病者と行基、湯屋に勤仕する湯女たち、「民岩太閤記」の「ミン坊」、それに「ハッピーアワー」の女性たち、彼等彼女等の記憶こそ、傷や病を癒やす再生の霊場としての有馬温泉に似つかわしいのではないか。

ここまで、現在の風景の中に過去の痕跡が潜在している様相を追いかけてきた。私たちの未来への問いかけの方向性次第で、過去は思いがけない変幻自在な姿を垣間見せてくれる。ヴァルター・ベンヤミンが「歴史の天使」の働きとなづけたその営みを、私たちも多少なりとも反復することは許されている。そのような予感をもって一旦この旅を終えることとしたい。

（樋口大祐）

ミナト神戸

感染症超えてきた海港都市

神戸港に寄港した大型クルーズ船「ダイヤモンド・プリンセス」を遠望した。船内で新型コロナウイルス集団感染が起きたのは２０１９年の２月だ。パンデミック（世界的大流行）が現実となった衝撃とともに、押し寄せてくる感染の波のたびに仮死状態に陥った街の空気感を忘れることはないだろう。

３年ぶりに神戸・和田岬の厚生労働省神戸検疫所を訪ねた。一角にある歴史資料室にはミナト神戸の裏面史を示す５００点以上の資料が保管されている。コレラの流行史や患者日誌、検疫記録といった文書に加え、防護服やコレラ患者用のベッドなどが当時の緊迫感を伝える。ベッドは患者が横になったまま排せつできるよう中央に穴が開いている。

開港以降、数々の感染症の脅威にさらされてきた神戸。海外文化が流入したモダン都市のイメージだが、

早朝、神戸港に入港するクルーズ船ダイヤモンド・プリンセス。埠頭のコンテナ群をかいくぐるように進む＝神戸市東灘区の六甲アイランドから

「片隅に追いやられていった歴史の暗部が存在する」（安保則夫「ミナト神戸　コレラ・ペスト・スラム」）。資料室の年表が興味深い。神戸でコレラが流行したのは1877（明治10）年。西南戦争が終わり、九州から帰還する兵士を乗せた輸送船内で発生し、神戸に入港後、隔離に従わなかった軍人が上陸したことからまん延した。78年に検疫所の前身の

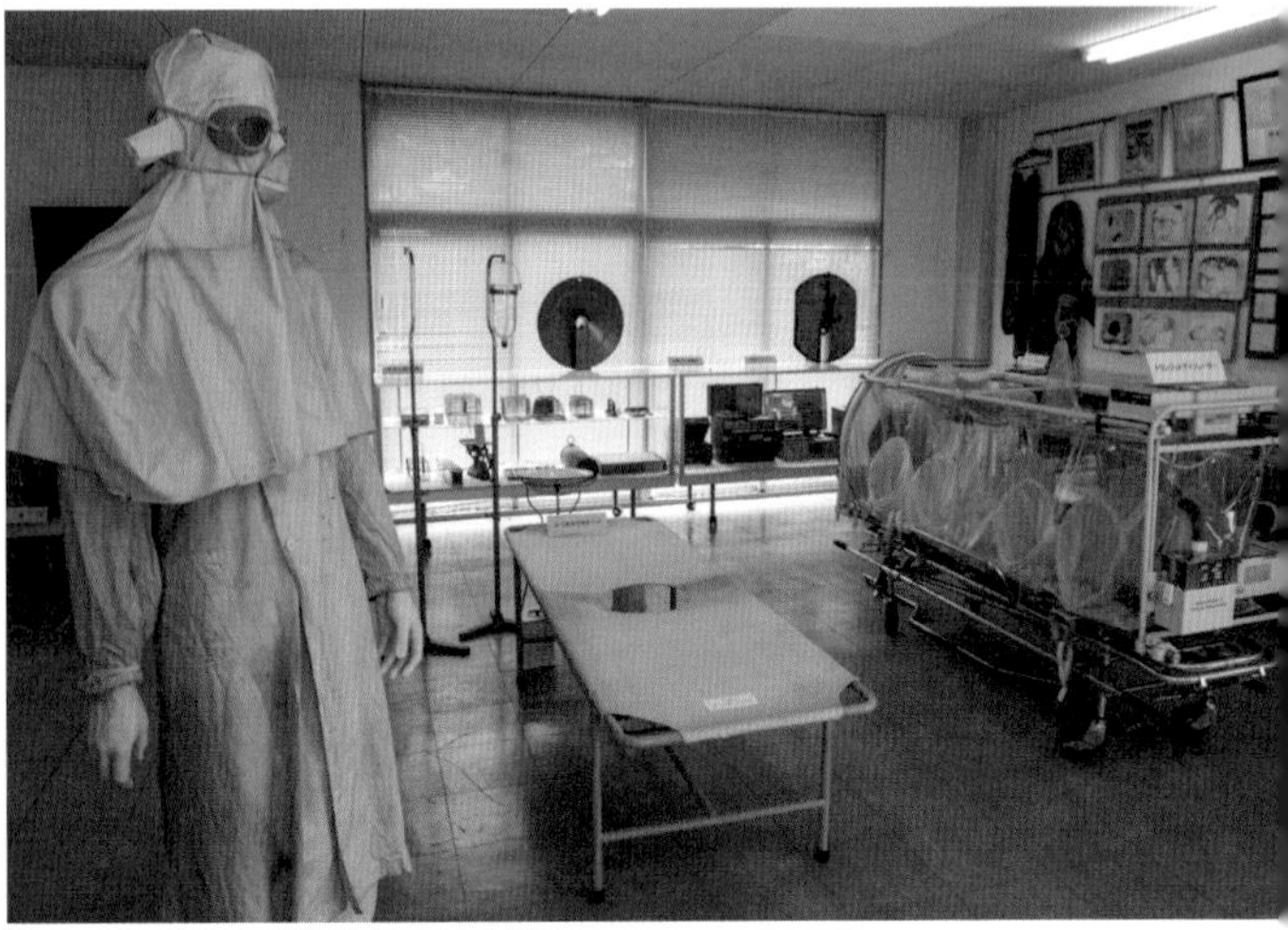

厚生労働省神戸検疫所の歴史資料室には防護服やコレラ患者用のベッドなどが並ぶ。往時の防疫体制を今に伝える＝神戸市兵庫区遠矢浜町

消毒所が神戸など5カ所にでき、79年には「海港虎列刺（コレラ）予防規則」が制定された。「虎列刺」の文字がすさまじい。99年は神戸でペストが流行。20世紀以降も1970年代後半までコレラ感染が確認されている。

神戸時代の小泉八雲（ラフカディオ・ハーン）が当時の様子を活写した記事がある。「イン・コレラ・タイム」、邦題は「コレラ流行期に」。松江で日本の面影に触れた後、1894（明治27）年、熊本の旧制五高の教師から英字紙「神戸クロニクル」の論説記者として神戸に赴任した。

　まん延した感染症に見舞われ、家の前の通りから患者が病院に運び出されていく様子を描いた。〈泣き叫ぶ家族の頼みも聞き入れられず、病人は強制的に連れて行かれた〉〈避病院は入院患者であふれかえり、取り扱いもひどい〉〈残酷に思われるが、衛生法は残酷でなくてはならないのだ〉。近代化の裏側に広がる都市の暗部をすくい上げようとしたジャーナリストの観察眼。130年後のコロナ流行期に読むとより切実に伝わる。

　イン・コロナ・タイム。人々の雑踏やざわめきは消え、風景はその生の姿を見せていた。叙

旧停留棟

目の前に海辺の松林が広がる。現在は堤防が築かれている＝神戸市兵庫区遠矢浜町

小泉八雲と疫病

小泉八雲は明治の文豪。1850～1904年。ひ孫で小泉八雲記念館館長の小泉凡さんによると八雲は米フロリダでマラリアに、カリブ海のマルティニクで腸チフスに罹患し、生死をさまよった経験をもつ。マルティニクでは天然痘の大流行を、松江と神戸ではコレラの流行を体験した。

小泉八雲旧居跡の記念碑

兵庫県中央労働センターの前庭に立つ。神戸で八雲は「心」「仏の畑の落穂」などを書いた＝神戸市中央区下山手通6

事、叙景、叙情。本書では現場に赴き、事実を叙し、刻まれた情念に迫りたいと考えた。神戸検疫所の所在地は兵庫区遠矢浜町。湊川合戦に由来するという。美しい海浜を思わせるが、コンクリートの堤防と化している。歴史資料室は感染症の潜伏期と疑われた入国者が過ごした「停留棟」跡の一角にある。建物と堤防の間に茂る松林。風景に響く松籟《しょうらい》は人々の不安を慰めただろうか。

（加藤正文）

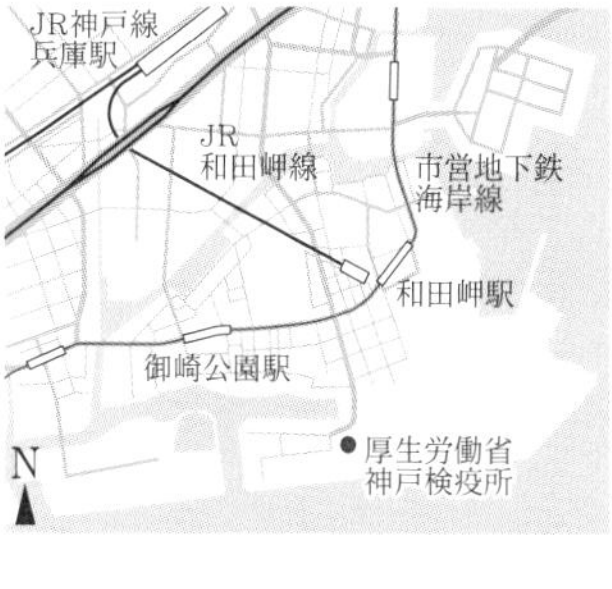

モノローグ

時を超えた風景の確信と予感

三津山朋彦

12ページ冒頭の文章はこう始まる。「海港都市・神戸に住む人々の大半は、数代前に移住してきた『よそ者』の子孫である。私たちは皆、いちばん最初に『よそ者』として神戸の土を踏んだ時の不安の入り交じった高揚した気持ちを、どこかに記憶しているのではないだろうか」。

このくだりには体をくすぐられるような感触を覚える。私も神戸に住む「よそ者」で、故郷と神戸の行き来は、船便を使う機会が多かった。船が中突堤に着くのは早朝が多く、目覚めてデッキに出ると青空の下、屏風状に広がった六甲山が目に入ってくる。山の緑が生き生きとして見え、よく新天地に上陸するような気持ちを味わった。逆に深夜、船でミナトを出るときデッキに出ると、海岸から山の中腹までまたたく明かりが妙に胸にしみた。国内外を問わず、船で神戸に来る人、去る人は、昔から似たような思いをしてきたのではないだろうか。

そこで、写真は海から見えるミナトを撮ろうと決め、みなと巡りの遊覧船に乗ることにした。何度か乗船したが、今や古くからの新港突堤に大型船は見当たらない。突堤を特徴付けていたたくさんの上屋は大部分取り払われてしまっている。水際に並んでいた倉庫も減った。ミナトもまちも様変わりし、ドラマチックな風景はなくなってしまった…。

時代が変わったのだ。半ば諦め半ば納得し、夕日が反射する海面にカメラを向けファインダーをのぞいていた。その時、突然白波を立てた小船が視界の中を横切った。急いで撮影を始めると、続いて小船が引っ張るはしけが現れた。逆光の中を2隻の船が進んでいく…。大きな客船でも貨物船でもなかったが、不意にミナトの精が現れて、一景見せてくれたようだった。

時代がうつり変わっても、新しい風景、変わらない風景、あるいは未来に通じる風景にさえ出会うことができるのではないか。そうした確信と予感をもって毎回撮影に取り組んだ。

エピローグ

移動祝祭日

1003書店の入るビル(左)と、店内

この連載を終えて半年たった２０２４年の正月明けのある日の夕べ、久しぶりに神戸の元町界隈を歩いてみた。

ＪＲ元町駅の中央口から、ブラジル風交番を左に眺めつつ、横断歩道を横切る。東西に走る線路と十文字に交差する鯉川筋を南下し、にぎやかな南京町の東門（長安門）の下を抜け、あか抜けたエクセルシオール・カフェ等の前を通り過ぎると、東西に走る乙仲通りに出る。右に折れ、三軒目の東方ビルの、一階のカフェの手前の入り口から入ると、古風な白色のエレベーターが控えている。エレベーターで五階まで上がり、正面に見える明るい室内に入ると、私たちはいまの神戸で際立って個性的な書店、１００３（センサン）の内部に足を踏み入れることになる。

そこには、フェミニズム、日記、エッセイ、アジアの食と旅行記、台湾レトロ建築、韓国小説、写真論、映画論、ミステリ、それに「果てなき〈文芸の共和国〉をめざす」幻戯書房のルリユール叢書、…オーナーの奥村千織さんの眼差しによって選び抜かれた、エッジの効いた新旧の書物や多彩なリトルプレス／ＺＩＮＥとの出会いが待っている。時にはフェミニスト作家の読書会や気鋭の表現者・編集者によるトークイベントも開かれている。大通りから一歩入った、人通りの多くない街路に面した古いビルの五階、窓の向こうに海の息吹と港の匂いが感じられるロケーションも素晴らしい。この店に来ると、「都市の空気は自由にする」という古い格言を思い出す。そして、その都市のなかでも独立系の書店こそが、社会のなかにある有形無形の抑圧的な規範から逃れたい人々にとって、記憶され続ける場所になりうるのだという思いが胸をよぎる。

「もし幸運にも、若者の頃、パリで暮らすことができたなら、その後の人生をどこですごそうとも、パリはついてくる。パリは a moveable feast（移動祝祭日）だからだ」。死後に発表された回想録のエピグラフに掲げられたヘミングウェイの言葉だ。Toxic mascurinity（有害な男らしさ）の呪縛に苦しんだ彼が最後の日々に想起していたのが1920年代のパリであり、そこで彼にとって特別な意味を持った場所の一つが、異邦人の女性、シルヴィア・ビーチが営むシェイクスピア・アンド・カンパニー書店だった。二十一世紀のいまも、パリの中心部で同書店は営業を続けており、物書き志望の貧しい若者の宿泊施設をも兼ねる同書店内部の敷居には〝BE NOT INHOSPITABLE TO STRANGERS LEST THEY BE ANGELS IN DISGUISE〟（見知らぬ人に冷たくするな、変装した天使かもしれないから）という文字が刻まれている。

このシェイクスピア・アンド・カンパニー書店の記憶は、若き日の須賀敦子がイタリア人の夫ペッピーノとともに、カトリック左派の理想の実現をめざして拠点としたコルシア・デイ・セルヴィ書店（『コルシア書店の仲間たち』）をも想起させる。60年代、都市ミラノの一角に確実な存在感を示していた同書店はその後の時代の激動に翻弄され、仲間も四散してしまった。しかし、夫と死に別れて帰国した彼女は、晩年、この回想的エッセイ集の最後にこう書きつける。「人間のだれもが、究極においては生きなければならない孤独と隣あわせで、人それぞれ自分自身の孤独を確立しないかぎり、人生は始まらない」「若い日に思い描いたコルシア・デイ・セルヴィ書店を徐々に失うことによって、私たちはすこしずつ、孤独が、かつて私たちを恐れさせたような荒野ではないことを知ったように思う」。

この二年間、兵庫県の各都市をめぐりながら、それぞれの街のシェイクスピア・アンド・カンパニー書店に出逢うことができた。それらの場所には必ず、背景を異にする「よそ者」同士の出逢いがあり、どの街もパリと同じく、小なりとはいえ、移動祝祭日の記憶を受け継ぎ、転生させていた。一つ一つの居場所は消え、いつか痕跡すら残さずに滅んでしまうことだろう。しかし、どんなに時代と社会が変貌しても、この世が続く限り、出逢いの種が絶えることはない。そしてそのことが、この世の行きずりの旅人である私たちに、ひと握りのたしかな歓びと慰めをもたらしてくれるのではないか。

本書のタイトルは、英国の作家・スティヴンスンの晩年の日々を描いた中島敦の中編小説「光と風と夢」を踏まえている。南洋で療養生活を送る作家は、(自らもその一部である)植民地主義の暴力に覆われゆく世界の行く末に憤りと哀しみを抱いていた。しかし、小説の末尾近く、死期の近い主人公は、夜明け前の丘に立ち、灰色の視界が朝日を浴びて金色に輝き始める様子を目撃し、世界と人生に対する確かな手ごたえを得る。本書もまた、街を包む光と風の息遣いを感じさせる三津山朋彦氏の数々の写真によって彩られていることをあらためて述べたい。

2024年1月

樋口大祐

著者紹介

文

樋口大祐《ひぐち・だいすけ》

神戸大大学院人文学研究科教授。1968年西宮市生まれ。東京大大学院修了。専門は日本語文学。1995年から2000年にかけて台湾に在住。著書に「乱世のエリクチュール―転形期の人と文化―」(森話社)、「変貌する清盛―『平家物語』を書きかえる―」(吉川弘文館)、共編著に「百花繚乱―ひょうごの多文化共生150年のあゆみ―」(神戸新聞総合出版センター) など。

加藤正文《かとう・まさふみ》

神戸新聞経済部長・特別編集委員・論説委員。1964年、西宮市生まれ、尼崎市育ち。大阪市立大商学部卒。著書に「死の棘・アスベスト ― 作家はなぜ死んだのか ―」(中央公論新社、科学ジャーナリスト賞)、「工場は生きている」(かもがわ出版)、「工場を歩く」(神戸新聞総合出版センター)、「主体としての都市 ― 関一と近代大阪の再構築 ―」(勁草書房、J・ヘインズ著を共訳) など。

写真

三津山朋彦《みつやま・ともひこ》

神戸新聞映像写真部員。1965年、松山市生まれ。神戸大法学部卒。手がけた写真は紙面でのニュース・企画記事のほか、書籍化された連載「ネオ・クラシックな街　神戸　歩いて100景」(神戸新聞総合出版センター)「播磨のため池」(同) などに掲載。

JASRAC 出 2401639-401

光《ひかり》と風《かぜ》と夢《ゆめ》 街《まち》角《かど》の記《き》憶《おく》を歩《ある》く

2024 年 4 月 17 日 初版第 1 刷発行

文 樋《ひ》口《ぐち》大《だい》祐《すけ》、加《か》藤《とう》正《まさ》文《ふみ》

写 真 三《み》津《つ》山《やま》朋《とも》彦《ひこ》

発行者 金元昌弘

発行所 神戸新聞総合出版センター

〒650-0044 神戸市中央区東川崎町 1-5-7

電話 078-362-7140 FAX 078-361-7552

URL https://kobe-yomitai.jp/

編 集 のじぎく文庫

デザイン 安田直美

印刷所 株式会社 神戸新聞総合印刷

ISBN978-4-343-01228-9 C0095